Georg Ernst Waldau

Kirchengeschichte der evangelischen, reformierten Gemeinde zu Nürnberg

Georg Ernst Waldau

Kirchengeschichte der evangelischen, reformierten Gemeinde zu Nürnberg

ISBN/EAN: 9783743437777

Manufactured in Europe, USA, Canada, Australia, Japa

Cover: Foto ©ninafisch / pixelio.de

Manufactured and distributed by brebook publishing software
(www.brebook.com)

Georg Ernst Waldau

Kirchengeschichte der evangelischen, reformierten Gemeinde zu Nürnberg

Vorbericht.

Längst schon haben die Freunde unserer vaterländischen Geschichte den Wunsch geäussert, von der hiesigen evangelisch reformirten Gemeine, ihrer Entstehung und Verfassung, ihren Lehrern ꝛc. nähere Nachricht zu haben. Einiger Maßen konnten sie zwar aus den Actis Ecclesiasticis Vinariensibus Th. X. S. 217 ff. und unsers berühmten Herrn Professors Will Museo Norico Num. XIX. ihre Wißbegierde stillen: Allein, was an beiden Orten nur auf ein paar Blättern gesagt wird, ist doch wohl allzu kurz und nicht ganz befriedigend.

Schon seit einiger Zeit war ich auf dies Stück von der kirchlichen Historie meines Vaterlandes, der ich meine von wichtigern Geschäften freie Stunden zu wiedmen pflege, aufmerksam. Und vor Kurzem setzte mich die mit devotestem Danke zu verehrende Gnade eines hohen, preißwürdigen Gönners in den Stand, jenen Wunsch zu befriedigen, und eine etwas mehr detaillirte, doch, so viel möglich, ins Kurze

Kurze gezogene Geschichte der hiesigen reformirten Gemeine bekannt zu machen. Ich darf mir schmeicheln, dieselbe glaubwürdig und authentisch geliefert zu haben, da sie von mir aus sichern, mir großmüthig mitgetheilten, Nachrichten, aus mehr als 80 Aktenstücken, z. E. Bittschriften, Fürbittschreiben, Vorschlägen, Rathsdekreten, besonders aus 23 Bedenken von hiesigen angesehenen Theologen und Juristen u. d. gl. geschöpft und concentrirt worden ist.

Manchen in diesem Werkchen angeführten Umstand möchte vielleicht ein Auswärtiger für unbedeutend und Mikrologie halten: allein, es ist dasselbe hauptsächlich für Einheimische, für Liebhaber der Vaterlandshistorie geschrieben, denen auch eine an sich geringfügige Notiz willkommen ist, die ihren Geburts- oder Aufenthaltsort betrift, und ihnen in der Geschichte desselben hier und da Licht anzündet. Und überhaupt betrachtet, hat nicht jede Wissenschaft, von der heiligen biß zur profansten, ihre Mikrologien und Armseeligkeiten, die doch öfters dem denkenden Kopf ein Leitfaden zu wichtigern Ideen werden? —

Jene

Die bekannten unmenschlichen Verfolgungen welche in der letztern Hälfte des sechzehnten Jahrhunderts in den Niederlanden über die sogenannten Hugonotten oder Reformirte *) ergangen sind, gaben Veranlassung, daß verschiedene derselben, welche meist reiche Kaufleute, Tuchbereiter und Färber waren, sich nach Nürnberg, als einen damahls sehr nahrhaften und durch die Handlung blühenden Ort, wandten, und daselbst als Bürger und Schutzverwandte niederliessen. Aus diesen Niederländern, zu denen sich nach einiger Zeit noch verschiedene aus der benachbarten Pfalz Vertriebene gesellten, entstand nach und nach die noch allhier befindliche, obgleich itzt sehr schwache evangelisch-reformirte Gemeine. Diese Leute lebten bey uns im Anfang (unter dem

---

*) Der verabscheuungswürdige und blutdürstige Herzog von Alba rühmte sich, wenigstens 18,000 derselben mit eigenen Händen hingerichtet zu haben. Man lese die Schrift: Der bedrukte Oelmbaum christlicher Wahrheit, oder der verfolgte Protestant, Nürnb. 1690, 4.

Namen Calviniſten und Sakramentirer *) überall unbillig verhaſſt) **) ohne öffentliche Religionsübung,

*) Was ſich doch derjenige Katholik, der unlängſt die von Hrn. Schütze zu Hamburg edirten lateiniſchen Briefe Luthers unnöthiger Weiſe und mit allen Fehlern, die jener Editor, beſonders in den eigenen Namen der Perſonen begangen hatte, deutſch überſetzt und zu Wien in letzterer Oſtermeſſe herausgegeben hat, für eine Idee von dem Wort Sacramentarius gemacht haben muß! Er verdolmetſcht es auf eine ganz neue und unerhörte Weiſe durch — Sakramentskerl!!!

**) Dazu trugen leider manche Lehrer unſrer Kirche, welchen Intoleranz und Orthodoxie Eins war, das Meiſte durch Predigen und Schriften bey. Ein gewiſſer Johann Modeſt, Pfarr. zu Döberſchitz, erröthete nicht, 1586 ein ſehr unbeſcheidenes Buch unter dem Titel herauszugeben: Beweiß aus heil. Schrift, daß die Sacramentirer (ſo nennte man die Reformirten, weil ſie in der Lehre vom Sacrament des h. Abendmahls anders dachten, als die ſtrengern Lutheraner) nicht Chriſten ſind, ſondern getaufte Juden und Mahometiſten ꝛc. Und wie lieblos und unchriſtlich eiferte nicht Philipp Nicolai, der Amtsvorfahr Hrn. Johann Melchior Götzens in dem Paſtorat an der Catharinenkirche zu Hamburg, mit unerſättlicher Streitſucht wider die Reformirten in gar vielen Schriften, die meiſt ſchon ins Reich der Makulatur gewandert ſind! Im J. 1590 wollte dieſer Mann als gräflich Waldeckiſcher Hofprediger und Paſtor zu Wildungen, die theologiſche

übung, gaben sich, um nur die Duldung zu erhalten, für evangelisch lutherisch aus, und hielten ihre Versammlungen in der Stille.

Da-sche Doctorwürde zu Marburg annehmen, ließ sich deßwegen examiniren, und vertheidigte seine Inauguraldisputation. Als er aber creirt werden sollte, kam vom Hof ein Verbot, ihn nicht eher zum Doctor zu machen, biß er sein Buch: Detestatio fundamentorum sectae Calvinianae wiederrufen hätte. Dies that er nicht, und erhielt erst 1594 jene Würde zu Wittenberg. In Frankfurt a. M. edirte er 1597 einen kurzen Bericht von der Calvinisten Gott und ihrer Religion. Aus demselben will ich nur ein Paar Floskeln mittheilen: „Was mag denn der Calvinisten Gott für ein „freundlich Angesicht haben? Er sieht aus, wie ein Brill„ochs. Denn gleichwie ein Wucherstier oder Brüllochs „für keinen Hurer noch Ehebrecher mag gehalten werden, „wenn er schon auf alle Kühe springt: also will der „Calvinisten Gott und Brüllgeist engelrein und heilig „seyn, wenn er schon die verruchte Buben und verlohr„ne Höllenriegel zu allerley Sünde, und Laster nach seinem „Muthwillen reizet — Was dünkt dich nun von dem „Calvinisten Herrgott? Es ist genugsam offenbar, daß „ir Gott ein leichtfertiger, geiler, unkeuscher, verschla„gener, arglistiger, betrüglicher und blutdürstiger Moloch „seyn muß.„ Pfui! Pfui! — Am Ende meiner gegenwärtigen Schrift will ich unter den Beylagen das intolerante Bedenken eines ehemaligen Pastors in Wöhes J. P. Scheß anhängen, darin er das Absingen des Liedes: Nun laßt und den Leib rc. bey Beerdigung eines Reformirten als unerlaubt, und sündlich abgeschaft wissen wollte, aber mit allen seinen mühsam zusammengesuchten Gründen nichts ausrichtete.

Da sie in ihrer Kirche die Reliquie des Pabstthums, den Exorcismus, nicht hatten, und sogar, um dem Gebrauch desselben bey ihren Kindern zu entgehen, dieselben ausserhalb der Stadt an fremden Orten taufen liessen, (wozu sie meist die benachbarte pfälzische, damals noch reformirte, Stadt Neumarkt wählten) wohin sie ihre Frauen vor der Niederkunft schickten, dies aber mit Kosten und Beschwehrden verbunden war: So ersuchten sie Einen hochlöblichen Rath allhier in einer demüthigen Bittschrift um die Erlaubniß, ihre Kinder ohne jene Beschwöhrungsformel taufen zu lassen. Derselbe vernahm hierüber die Meinung seiner Theologen. Und einige erleuchtete und gelehrte Männer, die man mit dem gehäßigen Namen der Philippisten zu brandmarken suchte und noch sucht, stellten folgendes Bedenken:

„Ehrenveste, Fürsichtige, Erbare, Weise, gebietende und günstige Herren!

„Uff die baide vns fürgelegte Fragen, als nemblichen erstlichen die Niederlendische Tuchberaitter, so sich beschweren, in vnsern kirchen vnd nach derselben Form, ihre Kinder tauffen zu lassen, fürs andere den Exorcismum, ob derselbige auß der Kirche hinwegk zu thun, belangende, wollen wir einen kurzen Bericht thun. Vnd möchten wol leiden, daß sie sich als frembde vnd vertriebene Leuthe zur Gemainschafft vnserer kirchen hielten, vnd keine weitleuffigkeiten vnd newerung einzufueren sich vnterfiengen. Sie sollen

ihnen

ihnen auch kein Gewissen machen, daß ettliche Cerimonien allhie bey der Tauff gehalten werden, die anderswo abgethan, vnd die sachen mit Christlicher Be-
scheidenheit bedenken, daß der Exorcismus in dieser
Kirchen biß daher auß volgenden Vrsachen ist behalten
worden, als: daß er ein Zeugknuß seyn soll, daß die
Kindlein in Sünden empfangen vnd gebohren seindt,
vnd daß der Getauffte wider den Sathan vnd sein
reich ein bündtnuß mit Gott machet, vnd zusagt, die
gantze Zeit seines Lebens wider in zu kempffen. Weil
aber die Leut mit dieser Erclerung nitt gesettigt vnd
auff der mainung steiff stehen, daß die wortt des exorcismi vnrecht, vnd einen eckel vnd abschew darfür
haben, als für einem grewel, der auß dem Bapstumb
hergeflossen, vnd doch Ewer Herrlichkeit zu diesen un-
seeligen Zeiten, da christliche vnd wolgemainte Sachen
böslich vnd auffs bitterste gedeuttet vnd in einen miß-
verstandt gezogen werden, nicht gern änderung fürneh-
men, wollten aber dannocht gern wissen, wie es damit beschaffen, vnd waß allhie zu thun, wollen Ew.
Herrl. wir, so viel vns von diesem Handel bewußt,
vnd wie eine enderung geschehen köndte, berichten.
Diese disputatio vom Exorcismo ist nicht new, vnd
haben viel seiner Leute dem Handel nachgedacht, vnd
doch nicht eigentlich wissen können, wo das Beschwöh-
ren anfenglich herkommen, vnd wie es in die kirche ist
eingefuert worden: dann das ist gewiß, daß er keinen grundt hat in der Schrifft, vnd daß er zur

Zeit der Aposteln nicht gewesen, auf keinem Synodo, in der ersten Kirchen gehalten, angenommen, auch nicht davon gehandelt worden; und obwol nicht nain, daß ettliche Griechische vnd Lateinische Kirchenscribenten der Exorcisten gedenken, als da sindt vnter andern Cyprianus vnd Augustinus, So wird doch die Form in Specie nicht angezeigt, ist auch noch unbewiesen, daß er eben also in wortten vnd in verstandt gelautet, wie ihn hernach die Bäpste in ihren conciliabulis und Buechern formirt vnd in die Kirchen eingeschoben haben. Das ist wol nicht vnlaugbar, daß ettliche in der ersten Kirchen gewesen, die mit der Gabe, Teufel außzutreiben, von Gott sind begnadet worden, daß sie sich auch ettlicher sonderlicher Formen gebraucht haben. Weil aber solche Gaben, also Teuffel außzutreiben, sonderbaren vnd gewißen Personen hernacher nitt sind mitgetheilet worden, Ist allen Gottsfürchtigen Herzen wol zu bedenken, ob solche exorcismi in die Ceremonien bei der Tauff sollen eingemenget werden. Die alten Scribenten, als Justinus Martyr vnd andere gedenken des exorcismi nicht, so sie doch die form der Tauff sonsten sein beschriben, vnd wie es zu jren Zeiten mit allerlay Ordnung in der Kirchen zugangen, vermeldet haben, So finden wir nichts davon in dem Dionysio Areopagita, der doch de ecclesiastica Hierarchia, das ist von der Kirchenordnung geschrieben, vnd die guten vnd bösen Kirchengebreuch außgezeichnet hat.

Daher

Daher kombt die Frag, ob den Nachkommen hab gebühren wollen, etwas in die Kirchen einzufueren, das keinen grundt in der Schrifft hat, vnd von den Aposteln vnd Nachkommen, auch von den christlichen Synodis nicht ist bewilligt worden? Darauf seindt etliche Kirchen zu vnsern Zeitten zugefahren, vnd haben den Exorcismum abgeschafft; vnd sind uns die Historien bekanndt, daß auch Lutherus seel. Gedächtnis ihn hinweg zu thun willens gewest, vnd an seine statt ein Bekendtnuß wider den Sathan vnd ein gebettlein verordnen wollen; vnd ist keinem unbewust, daß er hertzlich wohl zufrieden gewest, mit allen Kirchen in Schwabenlandt vnd am Rhein vnd anderstwo, da er hinweg gethan ist worden. Zudem ist auch den Diaconis zu Wittenberg den exorcismum zu gebrauchen oder außzulassen frey gestanden.

Derhalben finden wir nicht erhebliche Ursachen, warumb die leut, so ihn hinweg gethan, alß hätten sie vnrecht gehandelt, sollten verdammbt werden: dann ohne, daß er in der h. Schrifft nicht gegründet, den Aposteln vnd Lehrern in ecclesiâ primitivâ vnbekanndt gewesen, lauttet er in Worten vnd Verstandt sehr harst, alß sollten die Kindtlein leibhafftig vom vnrainen geist besessen sein, vnd daß durch das Beschwören der Sathan muese außgetrieben werden, vnd daß Schwören kräfftiger seye, denn die Christliche Gebett vnd anruffung, die bey der Tauff ge-

geschieht. So wissen auch alle Christen, daß der Exorcismus nicht sei substantiale baptismi: denn Tauff bleibet Tauff ohn den Exorcismum, und thut jetziger zeit mehr von nöthen, dann zuvor, daß er abgeschafft werde, weil der Manichaeische Irrthumb, nemlich daß der Mensch ein Bildt des Sathans, eingeteuffelt, und sein werck vnd geschöpf, item die Seel des Menschen die Erbsünde selbs sey, in den Kirchen getrieben vnd öffentlich in außgegangenen Schrifften verthaidigt wirdt.

Vnd obwohl die Sacrament krefftige Mittel sind, dardurch wir wiedergeporen, der Kirchen eingeleibet, vnd darinn erhalten werden; So muß doch nicht den gesprochnen Worten der Einsetzung der Tauff, vielweniger der Beschwöhrung die Krafft, den Teufel damit außzutreiben, zugeeignet werden. So können Gottesförchtige Hertzen nicht sagen, daß die Kinder von gottesförchtigen Eltern in der Kirche geporen vnd durch das Gebete auch in Mutterleib zu dem Herrn Christo gebracht, dem Teuffel angehören vnd von ihm besessen sind.

Diese vnd andere mehr Vrsachen haben viel gottesförchtige Lehrer zu diesen Zeytten mit gutem Grundt fürgewendet, darumb sie den Exorcismum hinwegk gethan. Vnd haben wir für uns gar kein Bedenken, warumb er nicht solt abgeschaft werden, fürnemlich, weil uns wohl bewußt, daß ettliche Kirchendiener allhier lenger, denn vor 30 Jahren gerne

hetten

hetten gesehen, daß er gefallen wäre. So weiset unser Agendbüchlein auß, daß er in der Jachtauff nicht gebraucht, vnd doch die Jachtauff der Kindlein nicht alß vnrecht bishero ist erkannt worden. Wir wollen geschweigen, daß viel Leuthe, so auß andern Kirchen, da er hinwegk geräumet worden, hieher kommen, sich an dem exorcismo ärgern, vnd von wegen der Kleyen, so vnter das raine Waitzenmeel noch eingemengt sind, nicht gern zu Gevatterschaften sich gebrauchen lassen; Und wann dies fürgenommen würde, wollten wir verhoffen, daß kain einfeltiger oder in der Schrifft wolgegründeter Christ sich daran ärgern würde; vnd köndte die Abschaffung also geschehen, daß es allein den Schaffnern angezeigt würde, solches in den Capiteln zu melden, stillschweigens den Anfang zu machen, *) vnd den fürwitzigen Nachgrüblern nicht viel Beschaids darüber geben, wie es auch mit der Abschaffung der Elevation zugangen. Das haben wir Ew. Herrl. zur Antwortt geben vnd weiter den Handel christlich zu erwägen haimstellen wollen. Die Aegydii Anno 1570.

Euer E. und F. E. W.

vnterthenige vnd gehorsame

Mauritius Heling, Sup. **) bey St. Sebald.
Johannes Schelhammer, Sup. bey St. Laur.
Laurent. Dürnhofer, Pred. bey St. Aegyd.

Die

*) Ein sehr kluger Rath, der in ähnlichen Fällen Befolgung verdient!

**) Den Titel Superintendenten führeten ehedessen die Sämte.

Die Folge dieses gründlichen und gutgemeinten Bedenkens war diese, daß ein Hochlöblicher Magistrat den Diakonen an den beiden Haupt-Pfarrkirchen, und zwar M. Joh. Ernsten an der Sebalder- und M. Johann Müllnern an der Lorenzer-Kirche durch den Herrn Kirchenpfleger Befehl gab, daß, wenn von den Niederländern einer oder der andere die Weglassung des Exorcismus begehren würde, ihm darin willfahret werden sollte, in der löblichen Absicht und guten Hofnung, wenn die Bürgerschaft derselben allmählich gewohnt werden würde, daß man sodann diese Formel ganz abschaffen könnte. Allein im Jahr 1574 erregte selber der Prediger Schelhammer aus nicht allzurühmlicher Absicht und seinen in dem angeführten Bedenken gethanenen Aeusserungen gerad entgegen, wider diese lobenswürdige Aenderung allerhand Unruhen, fand Eingang, und der leidige Exorcismus trat wieder in seine alten und verjährten Rechte,

so

sämtlichen Antistites oder Prediger allhier; und er ist nur nach und nach abgekommen. S. Hrn. Prof. Wills Nürnb. Gelehrt. Lexikon Th. II. S. 81. und Zeltners Vitas Theologg. Altorf. p. 161. (mmm) Auf dem Titel einer allhier 1622 gedruckten, auf das Absterben Joh. Schröders, Predigers bey St. Lorenz, von D. Christian Matthias gehaltenen Rede, wird Schröder Theologus celeberrimus et Eccl. Norimb. quae est ad D. Laurentii, Superintendens dignissimus meritissimusque genennet. Selbst in Rathsverläßen ward dieser Name ihnen beygelegt.

viele Glieder des Raths und des Ministeriums auch die Abschaffung desselben gewünscht hatten.

In Hrn. Past. Strobels Miscellaneen litter. Inhalts IV Samml. S. 204 — 206. findet sich eine Nachricht von diesem Vorgang eingerückt, die um so viel glaubwürdiger ist, da sie von der eignen Hand des um die Geschichte unsers Vaterlandes höchstverdienten Rathschreibers Johan Müllner, der ein Sohn des oben erwähnten Diac. Laurent. gleiches Namens war, aufgezeichnet worden. Sie lautet so:

„Obwol M. Ernst in der Sebalder Pfarr eine ziemliche Zahl, M. Müllner aber in St. Lorenzer Pfarr mehr nicht als zwey Kinder, und das letzte d. 17. Dec. 1574, mit Auslassung des Exorcismi getauft; so ist doch solches dem Prediger Schelhammer durch eine Hebamme alsbald verkundschaftet, und er dadurch, als der aus gefaßtem Neid und Haß wider M. Müllner seiner eigenen Handschrift vergessen, abermals laufend worden. Damit er aber dessen einen gewissen Grund erlangen, und die Sache seinem Vermeinen nach etwas behutsam anfangen möchte, hat er bey dem Schaffer des Collegii zu St. Lor. so damals Simon Spaz gewesen, verfügt, daß derselbe ein Capitul oder Versammlung der Capläne d. 20. Dec. 1574 angestellt, bey welchem der Prediger Schelhammer auch erschienen, und eine Umfrag gethan: ob sie sämtlich eines E. Raths jüngsten Receß und ihrer Subscription im Lehren und Reichung der heil.

Sacra-

Sacramenten sich gemäß verhielten? Als nun die umsitzende alle mit Ja geantwortet, und die Umfrage M. Müllnern erreicht, als auf den die ganze Action gespielet gewesen (denn die nachfolgende nichts gefraget worden) und derselbe geantwortet: er versehe sich auch, er habe nichts wider eines E. Raths Ordnungen und Befehl gehandelt, der Schelhammer und Schaffer aber auf ihn gedrungen, und zu wissen begehrt, ob er den Exorcismum brauche, wann er den Niederländern Kinder tauffe; hat er geantwortet, daß er dessen, was in diesem Fall geschehen, ausdrücklichen Befehl, ihnen aber davon etwas anzuzeigen nicht Ursach gehabt, wenn sie aber etwas davon wissen wollten, möchten sie den Herrn Kirchenpfleger fragen, dem er diese gegen ihn vorgenommene ungewöhnliche Inquisition alsbald anzeigen wollte. Weil ihn aber Schelhammer nicht wollen abgehen lassen, ist er mit ihm in eine starke Disputation von der Taufe und dem Exorcismo gerathen, dabey er ihn auch seiner einem E. Rath übergebenen Schrift etlichemal, aber vergebens, erinnert. Dabey sind ihm Müllner auch zween aus den Collegis, benanntlich M. Nicl. Silberhorn und M. Mich. Rauenpusch beygestanden, unter denen sonderlich der Silberhorn dem Schelhammer unter Augen getreten, und ihn etlicher Dinge erinnert, so er in öffentlichen Predigten vorgebracht, und ihn in continenti überwiesen, daß solche den Schriften Lutheri und der Nürnbergischen Normae

doctri-

doctrinae zuwider wären ꝛc. Daneben auch M. Müllner mit argumentis ihn dermaſſen eingetrieben, daß er nichts denn Schmähwort darauf antworten können, iſt auch endlich ohne Valediction im Zorn davon gelaufen. M. Müllner aber hat den Verlauf alsbald dem Hrn. Kirchenpfleger eröfnet, dem ſolches zu höchſten Mißfallen gereichet; wie er denn noch ſelbigen Tags die Sache bey den Herren Aeltern vorgebracht, welche zwar den Befehl wegen Auslaſſung des Exorciſmi aufgehebt, weil zu beſorgen geweſen, daß dieſer unruhige Mann noch mehr Weitläufigkeit erwecken möchte, jedoch dem Herrn Kirchenpfleger aufgetragen, dem Pred. Schelhammer und dem Schaffer dieſen ohn ſein Vorwiſſen und Befehl vorgenommenen Proceß ernſtlich zu verweiſen, und ihnen ein gutes Capitel zu leſen, welches auch der Herr Kirchenpfleger noch denſelben Abend in ſeiner Behauſung, dahin er ſie beide erfordern laſſen, verrichtet, dadurch zwar der Schaffer geſtillet worden, Schelhammer aber alſo ſich erzeigt, daß man aus ſeinen Predigten und ſonſt in viel Wege wol ſpüren können, daß er noch nicht Ruhe haben würde. Derowegen die Herren Aeltern auf andere Mittel zu gedenken verurſacht worden, ihnen dieſes Anlaufs und Beſchwehrden abzuhelfen. Und weil damahls durch den Tod M. Sixt Ammons eine Caplanſtelle in St. Sebalds Pfarrkirche erlediget, welche ſchon M. Caſp. Rölern zugeſagt geweſen, iſt bey Ihro Herrlichkeiten d. 23. Febr. 1575

B beſchloſ-

beschlossen worden, daß M. Müllner aus der Lorenzer in St. Sebalds Pfarr transferirt werden, (welches zuvor seit der Reformation niemals geschehen) der Köler aber ihm in St. Lorenzer Pfarr succediren sollte, damit er M. Müllner also dem Prediger aus den Augen käme, *) und er sich ferner keiner Gewalts oder Reformation über ihn anzumassen hätte.

Im Jahr 1583 kam die Sache des Exorcismus abermahl in Bewegung. Man rüttelte aufs neue an dem Götzen, um ihn nieder zu stürzen: allein vergebens. Die Hauptpersonen, welche die Weglassung dieser Beschwöhrungsformel wünschten, waren wiederum die in Nürnberg ansessigen Niederländer, welche itzt aufs neue anfiengen, ihre Kinder ausserhalb der Stadt, an Orten, wo man nicht exorcisirte, taufen zu lassen. Da ihnen dies aber zu lästig fiel, so wagten sie es abermal, mit einem Bittschreiben vor einem Hochl. Rath zu erscheinen. Der Unterschrie-

*) Hieraus widerlegt sich die bey uns gangbare Legende, als ob M. Müllner deßwegen nach St. Sebald translocirt worden sey, weil er als ultimus im Collegium zu St. Lorenzen die beschwerliche Fastenarbeit, d. h. 15 Passions- oder Katechismuspredigten vom Sonntage Oculi biß zum grünen Donnerstag zu halten, zehn- biß zwölfmal hätte übernehmen müssen. — Ueber dies lehren die Diptycha eccl. Laur. daß Müllner das Diakonat allda 1567 angetreten, in welchem ihm schon am 13. Dec. eben dieses Jahrs Seb. Parreuter, und 1574 M ich. Rauenpusch gefolgt sind.

terschriebenen waren acht, und ihre Namen diese: Florian von der Brucken, Stephan von Quiselberg, Melchior Lauter, Hans Morianus, Hans von Quavenberg, genannt Wolf, Jacob Murmann, Jacob Bauer und Johann Müdecker.

Es wurde daher eine Zusammenkunft der Theologen angestellet, und ihnen aufgetragen, Gründe anzugeben, ob man den Niederländern in ihrem Gesuch mit gutem Gewissen willfahren könne oder nicht. Das Gespräch *) ward in dem Pfarrhof zu St. Sebald am 3ten August, und da man es an demselben nicht beendigen konnte, ein anders am 16ten in Gegenwart und unter Direction einer Rathsdeputation gehalten. Von den Theologen waren die sechs Prediger und die Schaffer der beiden Hauptpfarrkirchen gegenwärtig, aus welchen bloß drey, nämlich Heling, Dürnhofer und Leonh. Schuster, Prediger an der Marienkirche, für die Abschaffung des Exorcismus, die übrigen alle, die als Stockorthodoxen am Herkommen klebten, für die Beybehaltung desselben gestimmt haben. Ohne daß die Wichtigkeit der Gründe in Erwägung kam, behielt die Mehrheit der Stimmen die Oberhand. Die supplicirenden Niederländer erhielten den Bescheid, weil sie an

derer

---

*) Ein Protokoll von diesem Gespräch findet man in des seel. D. Zeltners geschriebenen Historia der Nürnbergischen Normalbücher.

derer Gestalt ins Burgerrecht nicht aufgenommen worden seyen, denn daß sie sich der Nürnbergischen Kirchenordnung unterwerfen sollten; so verlange man, sich derselben gemäß zu bezeigen, und die Sacramente in der Nürnberg. Kirche zu gebrauchen, damit andere nicht geärgert, und Zwiespalt unter den Bürgern erwachsen möchte. Weil man auch befunden, daß bey etlichen Agendbüchern am Rand gedruckt gewesen: Diesen Exorcismum kann man ohne Sünde weglassen, item, dieser Exorcismus ist nicht unrecht; so hat der Rath diese Agendbücher aus allen Kirchen abfordern lassen, und neue dahin verordnet. Ueberdieß haben bereits d. 8ten Aug. auf Befehl des Raths Schelhammer, Kaufmann *) und Heling, die am wenigsten des Calvinismus verdächtig gehalten wurden, ihr Bedenken vom Exorcismus gestellt, unter dem Titel: Bericht von dem Exorcismo zu lehren, und warum derselbe zu dieser Zeit den Niederländern zu gefallen, nicht abzuthun, noch zu andern. Es wurde auch hierüber 1583 d. 9. Oct. ein Rathsconclusum verfertigt, und dem ganzen Ministerium zur Nachachtung publicirt, welches in der erwähnten 4ten Samml. der Strobelischen Miscell. S. 212. ff. gelesen werden kann.

Ju

---

*) Prediger bey St. Jakob.

Inzwischen konnten sich die in und vor unsrer Stadt wohnende Reformirte um soviel eher beruhigen, da sie A. 1580 von den Theologen zu Genf ein Bedenken wegen der Zulässigkeit der Communion und Taufe bey Nürnbergischen Geistlichen forderten, und in demselben belehrt wurden, daß sie ohne Gewissensverletzung das Abendmahl in lutherischen Kirchen empfangen und ihre Kinder von lutherischen Geistlichen taufen lassen könnten. *) Ihre Anzahl mehrte sich in den folgenden Jahren immer, und sie wagten es endlich, eine gewisser Maßen öffentliche Uebung ihrer Religion anzurichten. Wenigstens ist so viel gewiß, daß sie in dem freiherrlich Geuder-Rabensteinerischen Schloße des 2 Stunden von hiesiger Stadt entfernten Marktfleckens Heroldsberg, wo die Republik Nürnberg den Pfarreinsatz hat, 33 Jahre lang, von 1627 biß 1660 ihre Versammlungen, und zwei biß dreimal im Jahr Communion gehalten haben, welches auch zu Zeiten in einem Privathauße allhier in der Stadt geschehen seyn mag. Dies veranlaßete im J. 1654 folgenden Rathsverlaß, der wegen einiger darin vorkommenden historischen Umstände hier bekannt gemacht zu werden verdienet:

"Dem-

---

*) Dieses gründliche und tolerante Bedenken, dem ein Brief des berühmten Theodor Beza an unsern Lor. Dürnhofer beyliegt, findet sich lateinisch in der 5. Samml. der angeführten Miscellan. litt. Jn. halts S. 205 — 218.

„Demnach des Herrn Kirchenpflegers Herrl. und Herren Scholarchen referirt haben, wie Sie in Erfahrung gebracht, daß die hiesige Burger und Inwohner, so der reformirten Religion beygethan, sich unterstanden, einen reformirten Pfarrer von Basel nahmens Iohannes Vebelius anhero kommen zu lassen, zu seiner Unterhaltung eine gewiße collectam zu machen, unter sich gewiße Vorsteher und Secunden erwehlet, bey ihren Conventiculis Predigten, Kinderlehr, die h. Taufe und das h. Abendmahl zu halten, und der Augsp. Confession zugethane durch Heyrathen und Revers zu ihrer Religion zu bringen. Wenn denn dafür gehalten worden, daß diesem schädlichen Beginnen, als wodurch groß aergernuß und confusion in Ecclesia et Republica verursacht werden können, gesteueret werden möge; als ist hierauf befohlen, diesem Unheil zeitlich vorzubauen, und dem Pfarrer von Basel Vebelius, wie auch Philipp Gebharden, nachtrachten, in die Kanzley erfordern, und auff verwaigerte Erscheinung sie mit Gewehrsam dahin zu bringen, und jeden absonderlich zu red zu setzen: wie und warum sie anhero kommen, wo sie sich aufhalten, was ihr Thun und Lassen allhier sey, was sie für Nahrungsmittel haben, wer ihnen den Schutz und Inwohnung allhier erlaubt, was ihnen von den reformirten conventiculis und privatis exercitiis wißlich sey. Sie beyde behauern, oder sonst auf dem Rathhaus zu behalten. Ueber dieß, auch Paul Fermont,

mont, Hieronymum Vorbeck, Joel Geißeln, Arnold de Payr, Abraham Sueßen vnd Georg Hartung, wie auch Abraham Blumart, bey dem der Vebelius sich aufhalten soll, zu erfordern, vnd jeden absonderlich über die beschehene Anzeig, auch ihre privata exercitia vnd conventicula zu Red zu halten, vnd dabey solche exercitia privata religionis vnd coeventicula mit Ernst zu verbieten.

Ferners wegen Hanns Reileins, Müllers, Revers *) Endres Weinkofers, Elias vnd Joel die Geißel, wie auch Anna Geißlin zu Wöhrd vmbständig zu Red setzen, immittelst aber dieser sachen haben dem Herrn Prediger zu Wöhrd anzuzeigen, fleißig zu vigiliren, damit weder der Reilein noch andere von diesen vnruhigen Leuten hintergangen, beschwehret vnd im gewissen irr gemacht werden mögen, worinn ein E. E. Rath ihm Hand zu bieten nicht unterlassen

B 4

*) Hanns Reilein, von Crailsheim gebürtig; damals Müller in Wöhrd, lutherischer Religion, wollte die eben daselbst wohnende Anna Geißlin, reformirter Religion, heyrathen. Ihre Mutter und Freunde gaben es nach langem Weigern, endlich unter der Bedingung zu, daß er einen schriftlichen Revers ausstellete, nicht nur sein Weib bei ihrer Religion, sondern auch ihre beiderseitig künftigen Kinder in derselben erziehen zu lassen, auch gelegentlich selbst dieselbe anzunehmen. Diese Versicherung stellte er von sich. Als er aber während seines Ehestandes darüber Unruhen fühlte, war seine Gattin so redlich, und händigte ihm seinen Revers wieder ein.

laſſen würde. Ebener Maſſen auch M. Marcum Kraer *) befragen, wer das Beichtkind ſey, welches von einem Calviniſten in artic. de coena Domini ſey verhöhnet worden, auch wer der oder die ſey, die es gethan haben. Nicht weniger auch die Hebamme, ſo des Blumarts Kindstauff beygewohnt, abhören, was ihr davon wißlich ſey, auch ob ein Mägdlein für ein Knäblein getauft worden, alle dieſe Ausſagen wieder bringen, ferner räthig zu werden. Endlich ſoll man einem ehrw. Miniſterio allhier anzeigen, in ihren Predigten die Zuhörer und ihre Kinder vor dergleichen herumſchleichenden Verführern zu warnen, und ſich dergleichen heimlichen Zuſammenkünften nicht theilhaftig zu machen, zu vermahnen.

Und dieweil aus dieſem Verlauff erhellet, daß dieſe Reformirten ſehr unruhige Leute ſeyn, welche, da ihnen zuviel nachgeſehen werden ſollte, ſich allerley unterfangen dürften; als iſt ſchließlich auch verlaſſen, eingedenk zu bleiben, daß umb beſagter Urſachen willen niemand leichtlich, ſo der reformirten Religion beygethan, weder zum Burgerrecht, noch dem Schutz, noch zum Genannten Stand gelaſſen werde **) Den 7. Maii 1654."

Dieſes

---

*) War Diakon an der Kirche zu St. Lorenz.

**) Solche in der That harte und dem Wohl des Staates nachtheilige Grundſätze ſind längſt verbannet. Verſchiedene reformirte Einwohner unſrer Stadt ſind nicht nur

zum

Dieses Rathsdekret war vermuthlich für den damahligen Prediger in Wöhrd, J. P. Schechs Veranlassung, sein schon oben S. 7 erwähntes Bedenken wegen des Lieds: Nun laßt uns den Leib ꝛc. am 17. Sept. 1654 dem Rath zu übergeben. Er fand aber keinen Eingang; und auf eingehohlte Consilia von den sechs Predigern, Joh. Saubert, Corn. Marci, Joh. Weber, Christoph Wellhammer, Joach. Will und Joh. Leonh. Frisch, und von dem Consiliarius D. Richter, ward oberherrlich beschlossen, daß jener Gesang noch ferner, wie bißher, bey Leichen reformirter Personen beybehalten werden sollte.

Zu eben dieser Zeit machten sich die hiesigen Reformirten gegen einen hochlöbl. Rath anheischig, wenn ihnen die öffentliche Religionsübung zugestanden würde, die damahls in Schutt und Asche liegende Kirche zu St. Leonhard, eine halbe Stunde vor Nürnberg,

zum Bürgerrecht, sondern auch zu bürgerlichen Ehren und Würden gelangt. Erst in diesem 1783sten Jahre hat ein angesehener Kauf- und Handelsmann allhier, Herr Johann Jakob Herzogenrath, die Dignität eines Marktsadjunkts bey dem hiesigen Handelsplatz oberherrlich erhalten. In eben dieser Würde stund auch schon Jakob Blumart, zu welcher er im J. 1674 gelanget und darin A. 1697 gestorben ist. Mehrere Personen, welche bey der Republik Nürnberg in ansehnlichen Kriegs- und Civilbedienungen gestanden sind, sollen in den Beylagen angezeigt werden.

berg, wieder aufzubauen. Da es ihnen aber nicht gestattet wurde; so wandten sie sich 1654 an den Markgrafen Albrecht zu Brandenburg Onolzbach, mit der Bitte, ihnen in dem an der Rednitz gelegenen Dorfe Stein, eine kleine Meile von Nürnberg, den Bau einer Kirche zu erlauben. Zwar unterstützte sie Friedrich Wilhelm, Churfürst von Brandenburg, mit seiner Fürbitte; es verzog sich aber doch die Sache einige Jahre, so, daß sie indessen von dem Domprobste zu Bamberg die Erlaubniß, in dem Hofmarkt Fürth eine Kirche zu erbauen, suchten, und auch würklich erhielten.

Weil sie aber doch lieber in, oder wenigstens zunächst an Nürnberg, als in fremder Herrschaft Gebiete, einen Ort zu ihren gottesdienstlichen Uebungen wünschten: So ersuchten sie nochmals im December 1657 in einer Supplik den hiesigen Rath um Zulassung eines Platzes zu ihren kirchlichen Versammlungen, und versprachen, alle Kirchenactus, wie bißher, bey einem ehrwürdigen Ministerium der Stadt zu suchen. Der Magistrat forderte hierüber die Bedenken der sechs Prediger, namentlich Joh. Mich. Dillherrs, Dan. Wülfers, Joh. Leonh. Frischs, Just. Jac. Leibnizens, Joh. Fabricius und Mart. Beers, und der vördersten Räthe, D. Mich. Prauns, D. Joh. Brinkmanns, D. Joh. Geo. Richters, D. Magn. Sezers; welche alle pro negativa stimmten. Der einzige D. und Consiliarius G.

G. C. Wölkern äusserte, mit Rücksicht aufs allgemeine Beste, seine Meinung dahin, daß man den Bittenden unter gewissen Einschränkungen willfahren sollte. Er schließt sein Bedenken also: „Daß die
„allzu genaue Vertreibung der römisch Katholischen,
„sonderlich der Italiener, dem Commercio der Stadt
„gar sehr geschadet, das bedauern die Negotia all
„hier noch; ist auch sehr zu zweifeln, ob die Sei„den, Safran und andere Handlungen wieder können
„in die Stadt jemahls gebracht werden. Da man
„nun jetzund die Reformirten, um einiger Furcht
„und Consequenzen willen, auch vertreiben, und
„doch in die Nachbarschaft pflanzen wollte, so müß„te ich nicht, was von den Negotiis allhier verblei„ben könnte. Es ist diese löbliche Stadt meistens
„eine Handelsstadt, welche nicht allein eine Libertät
„in Ab- und Zugehen, Handthierungen u. d. gl.
„sondern auch in der Religion *) erfordert.
„Man sehe die jetzigen nobilissima Europae Empo„ria, als Amsterdam, Hamburg, Danzig an, ob
„nicht in solchen Orten große Libertates und Exer„citia religionis der dreyen im Römischen Reich
„schwebenden Religionen? Ja, in Venedig selbst
„sieht man in solchen Dingen durch die Finger, und
„tolerirt.

*) Wie angenehm ists, doch wenigstens Einen, von Religionshaß entfernten Mann so sprechen hören, und das im sechzehnhundert und acht und funfzigsten Jahr!

„tolerirt dergleichen Exercitia; alles propter bo-
„num publicum et libertatem Mercantiae etc."

Intercedirte gleich der Churfürst von der Pfalz, Karl Ludwig, in einem unterm 25. April gefertigten Schreiben an den Nürnbergischen Magistrat, und der holländische Abgesandte, Graf von Rechtern, bey seiner Durchreise im Namen der Herren Generalstaaten mündlich für die Reformirten; so war doch auch dies, so wie das Wölkerische Bedenken, ohne Frucht.

Gegen Ende des Jahrs 1660 richteten sie endlich nach erhaltner Erlaubniß des Marggrafen zu Brandenburg Onolzbach in dem erwähnten Dorfe Stein ohnweit Nürnberg ihren Gottesdienst an, und aptirten das, einem gewissen le Brun gehörige Haus, ein Gräflich Leonrodisches Lehnstück, zu einer Kirche, welche von Hrn. M. J. J. Uebel und Hrn. Pfarrer Geo. Ulr. Geysel, der als Pfälzischer Exulant hier wohnte, und am 6. Oct. 1660 die erste Vorbereitungspredigt darin hielt, eingeweyhet worden. Hier war nun ihre Religionsübung uneingeschränkt; vom J. 1684 an tauften und copulirten sie und hatten einen Kirchhof. Die Kirche stehet, obwohl in veränderter Gestalt, noch heut zu Tage, und ist, so wie einige kleine Gebäude daselbst, ein Eigenthum der Gemeine.

Diese

Diese Einrichtung dauerte in die 43 Jahre. Indessen ward sie doch den in und um Nürnberg wohnenden Reformirten sehr lästig, und bey den zu Anfang dieses Jahrhunderts entstandnen Bayerischen Kriegsunruhen, von denen auch unsere Gegenden nicht frey blieben, auch sehr gefährlich. Mit neuem, dringendem Suppliciren wandten sie sich abermahl an einen hiesigen hochl. Rath, um einen sichern Ort zu ihren Versammlungen in der Stadt zu erhalten. Die erste Bittschrift vom 2ten April 1703, worin sie den grossen Saal in dem vormahls Pistrichtischen Hause, wo izo das Kaiserl. Reichspostamt ist, begehrten, war von dem Prediger J. D. Schmidmann, und den Vorstehern und Secunden: Isaak Buirette von Oehlefeldt, Joh. Wilh. Buirette von Oehlefeldt, Joh. Dan. Greyßel, Joh. Casp. Payer, Joh. Payer und Jak. Blumart unterschrieben. Herr Schmidmann kam gleich darauf als Hofprediger nach Berlin, und empfahl dem Könige von Preußen Friedrich seine bißherige Gemeine aufs angelegentlichste. Der Monarch verwandte sich auch für dieselbige sehr nachdrücklich, wie aus den verschiedenen Schreiben, die Derselbe an den hiesigen Rath erlassen hat, und von denen wir einige in den Beylagen mittheilen wollen, ersehen werden kann. Auch sein Gesandter am fränkischen Kreyß, der geheime Staatsminister und Oberhofmarschall Herr von Prinzen betrieb dies Geschäft persönlich und mit allem Nachdruck.

Im Maii gedachten Jahrs ward bey Rath beschlossen, den Reformirten ad interim, so lange die kriegerischen Unruhen dauern würden, einen in Bürgers Händen stehenden Garten vor der Stadt, der frey, lauter und eigen, und kein Lehensstück seyn sollte, und den sie sich etwa selbst erwählen möchten, zu ihrem Gottesdienste einzugeben, welche Temporal-Concession ein hochlöbl. Rath jedesmahl wieder aufheben könne, ohnabbrüchig aller, hiesigen lutherischen Kirchen zustehender Parochialrechte. Die Wünsche der Reformirten waren hierdurch nur halb gestillet. Sie fleheten, daß ihnen diese Freyheit auf immer ertheilt werden möchte; und es kamen auch theils von dem Könige von Preußen, theils d. 2. Maii 1704 von den Generalstaaten der vereinigten Niederlande, Fürbittschreiben wegen der den Reformirten auf beständig einzuräumenden freyen Religionsübung, an den Senat allhier. Nachdem hierauf derselbe von den vordersten Consiliarien und den sechs Predigern Bedenken gefordert, auch von den Reichsstädten Frankfurt am Main und Worms Nachrichten eingehohlt hatte, wie es mit den alda wohnenden Reformirten in Absicht der Religionsübung gehalten würde: So ward endlich den hiesigen Reformirten die gebettene Freyheit auf beständig eingeräumt, der sie biß diese Stunde ungekränkt geniessen.

A. 1704 d. 29. Januar erkaufte Hr. Joh. Payer, ein begüterter Kaufmann und Vorsteher der reformirten Gemeine, den vor dem Wöhrderthürlein nahe am Laufgraben der Stadt liegenden Garten, nebst dessen zugehörigen Gebäuden, auch drey und eine halbe Morgen Feld und Wiesen vor dem Mögeldorfer Thor zwischen der Straße und dem Pegnitzfluß, den Frauen Margaretha Susanna, vermählten Gräfin von Poßwitz, gebohrnen Gräfin von Zinzendorf und Pottendorf, für 7350 Gulden. Der in dem Garten befindliche geräumige Saal ward nun zum öffentlichen Gottesdienst, d. h. zu den Predigten und zur Abendmahlsfeier eingerichtet. Uebrigens aber setzte der Magistrat fest, und die Gemeine stellte d. 21 Juli 1706 eine feierliche Versicherung von sich, daß dies Gartenhaus nie in ein förmliches Kirchengebäude verwandelt, sondern in dem Stande, worin es damahls war, ohne Thurm, Glocken und weitere Zierrath gelassen werden sollte. *) Trauungen, Taufen und Leichen kommen, wie zuvor, der lutherischen Geistlichkeit zu; ausserdem kann die Gemeine ihre Religionsübung mit völliger Gewissensfreiheit treiben.

Ein

*) Von der Zeit an wird dieser Garten mit seinen Zugehörungen allezeit als das Eigenthum eines Vorstehers der Gemeine, der ihn von dem Gericht der Vorstadt Wöhrd käuflich übernimmt, angesehen. Es muß jährlich von demselben in das Amt der Vesten 1 Henne,

Ein eigenes Consistorium fehlt ihr, und sie stehet mit ihrem Prediger unter dem Herrn Kirchenpfleger und den sämtlichen Herren Scholarchen zu Nürnberg, denen von Raths wegen die Besorgung aller kirchlichen Angelegenheiten aufgetragen ist. Einer von diesen Herren Scholarchen, gewöhnlich der zweite, setzt auch jährlich, zu Behauptung des einem hochl. Rathe zukommenden Episkopalrechts jährlich ein Kirchenconvent bei den Reformirten an, und führt dabey das Präsidium. Das erste ward im J. 1707 den 27 May von Herrn Christoph Jäger gehalten.

Der Prediger wird jedesmahl von den Vorstehern berufen, welche sodann bey dem Magistrate die Bestättigung und Ertheilung [des Schutzes für denselbigen suchen. Die Gemeine unterhält den Prediger mit einem ziemlich beträchtlichen Salarium aus einem vorhandenen Fond: eigene Schulmeister aber hat sie niemahln, sondern nur zu Zeiten Privat- oder Hauslehrer gehabt.

So wie übrigens die Prediger, vermöge ihres ausgestellten Reverses, von der Nürnbergischen Obrigkeit abhängen: So sollen sie auch ohne deren Vorwissen

in St. Peters Stechlabel ein halber Gulden Stadtwährung, für den Zehenten in die Bambergische Dompropstey 2 Pfund Gelds, und von dem Feld und Wiesen in gedachtes Vestenamt auch 1 Henne gezinnset werden. Der gegenwärtige Besitzer dieses Gartens ist Herr Marktsadjunkt Herzogenrath.

wissen und Erlaubniß nichts neues und wichtiges in ihrer Kirche vornehmen, und müssen für einen hochl. Rath in ihren Gottesdiensten bitten, *) alle ausserordentlich angesetzte Feste feiern, und auch der verstorbenen Rathsglieder, denen diese Ehre zukommt, in ihren sonntäglichen Predigten jedesmahl Erwähnung thun. Auch bedienen sie sich des Nürnbergischen oberherrlich autorisirten Gesangbuchs.

C   Auf-

---

*) Das Fürbittformular lautet so: „Wir bitten dich,
„ o Herr, auch für alle hohe Obrigkeit, welche deine
„ Hand über dein Volk gesetzt hat, als Ihre Röm. Kais.
„ Majestät, auch andere Könige, Churfürsten, Fürsten
„ und Stände des heil. röm. Reichs, insbesondere für
„ alle Potentaten, welche an dem Ruder deiner Kirche
„ sitzen, die du zu Vorstehern, Pflegern und Säugammen deines geliebten Zions gemacht hast. Namentlich aber laß dir in Gnaden empfohlen seyn Einen
„ hochlöblichen Rath der guten Stadt Nürnberg, als
„ unsere gebietende Herren und Dero gesegnete Regierung, wie auch Dero getreue Diener im Regiment;
„ sende ihnen von deinem heiligen Himmel die Weißheit,
„ daß sie in diesen schwehren Zeiten bey ihnen sey und
„ mit ihnen arbeite, auf daß sie erkennen, was dir
„ wohlgefällt, und demselben auch in allen ihren Rathschlägen und Anschlägen zu deiner Ehre und gemeinem Besten
„ emsig nachsetzen! Wollest sie gegen alle ihre Widerwärtige schützen, und mit beständiger Gesundheit, langem Leben und aller Seelen- und Leibes Wohlfahrt
„ begnaden ꝛc. ꝛc.

Ausserdem wurden die Angelegenheiten der Gemeine von ihren Aeltesten oder Vorstehern besorgt. Unter denselben haben sich besonders seit mehr als funfzig Jahren die Herren Buirette von Oehlefeldt, Vater, Sohn und Enkel, als vorzügliche Wohlthäter ausgezeichnet, namentlich Herr Isaak Buirette von Oehleeldt, auf Wilhelmsdorf und Hassenberg, kön. Preuß. Rath und Resident zu Nürnberg, Herr Isaak Daniel Buirette ꝛc. kön. Preuß. geheimder Kriegsrath, wirklicher Kämmerer, des kön. Preuß. Ordens de la Génerosité Ritter, auch bevollmächtigter Minister am fränkischen Kreiß, welcher nach einem vieljährigen Aufenthalt zu Nürnberg, nach Erlang gezogen und daselbst 1766 in seinem 70sten Jahr gestorben ist; und Herr Carl Wilhelm Buirette von Oehlefeldt auf Wilhelmsdorf und Strahlenfels, hochfürstl. Brandenburgischer geheimder Rath und des erneuerten rothen Adler-Ordens Groß-Kreuz-Ritter ꝛc. welcher erst im vorigen Jahre am 19. Junii gleichfalls zu Erlang seelig verschieden, und durch verschiedene beträchtliche milde Stiftungen, an denen auch die hiesige reformirte Gemeine Antheil genommen, berühmt geworden ist und bleiben wird. S. die gedruckten Funeralien Desselben.

Die Gemeine, welche zu Anfang dieses Jahrhunderts 2, biß 300 Seelen stark gewesen, ist seit dieser Zeit durch mancherley schwehre Ausgaben,

große

große Unglücksfälle und erlittenen Verlust des nöthigen Fonds, auch Abgehen, Wegziehen, Verarmen und Absterben der angesehensten Gemeindeglieder und Familien, besonders verschiedener sehr begüterter Kaufleute, sehr in Abnahme gekommen. Im gegenwärtigen 1783sten Jahr sind nur folgende Familienväter Bekenner der evang. reformirten Religion allhier:

Herr Christian Reichsfreyherr von Geuder, genannt Rabensteiner, Herr zu Heroldsberg und Stein ꝛc.

Herr Joh. Jak. Herzogenrath, Marktsadjunkt am hies. Bankogericht, der Gemeine Vorsteher.

Isaak Daniel Kaltenhoffer, Bürger, Gold und Silberarbeiter, Vorsinger, Diacre und Cassier der Gemeine.

Hr. Georg Christoph Gottlieb von Bemmel, Bürger und Porträtmahler.

Jean Noé Souiris, Schutzverwandter und französ. Sprachmeister.

Isaac Daniel Soemer, Bürger und Procurator am hies. Ehrlöbl. Untergericht.

Joh. Theod. Schlumpf, Bürger und Chirurgus.

Heinr. Melch. Scheel, Bürger und Factor in der Felseckerischen Buchdruckerey.

Caspar Andr. Junge, Bürger und Farbhändler, der Vater des berühmten Herrn D. und Prof. Junge zu Altdorf.

Lorenz Summerauer, Bürger und Papierfärber.

Gottl. Sam. Amman, Bürger und Servelatewurstmacher.

Wigand Winbold, Bürger.

Die übrigen Glieder der Gemeine wohnen in dem 1 Stunde von Nürnberg gelegenen Marktflecken Fürth, auch zum Theil in Vorstädten und Gärten nahe bey der Stadt, oder sind Fremde, als französische Demoisellen, Kaufmanns- und andere Bediente, Handwerksgesellen und Soldaten.

Im J. 1717 machten die zu Fürth wohnende Reformirte an der hiesigen Gemeine verschiedene Forderungen, wovon man in dem von dem berühmten Hallischen Rechtsgelehrten Just. Henn. Böhmer verfertigten Responsum Nachricht findet, welches in den Beylagen geliefert werden wird.

Die bißher bey dieser Gemeine gestandene Lehrer, deren sie jedesmahl nur Einen hat, sind nach der Ordnung folgende:

M. Johann Jacob Uebelius, der von Basel 1648 hieher gekommen war, 1663 wieder dahin als in seine Vaterstadt berufen wurde, und daselbst 1687 starb. Er hat die Kirche zu Stein eingeweyhet.

M. Johann Strübinius, war ebenfalls von Basel gebürtig, kam 1663 hieher, und ward in seinem 68sten Jahre, 1694 d. 20. Aug. auf dem Kirchhof der Vorstadt Wöhrd begraben, allwo schon 1692 d. 3. Jun. seine Gattinn, Frau Magdalena, ihre Ruhe gefunden hatte. Diese war eine Tochter Hrn. Wolfg. Heinr. Salmuths, Sekretärs bey der Fränkischen Ritterschaft, welcher 1654 d. 6. Apr. und Frauen Marien Salome, welche 1673 d. 4. Apr. nach Wöhrd begraben worden. Ihr Bruder war Hr. Johann Lorenz Salmuth, der bey seiner 1693 d. 28. Sept. geschehenen Beerdigung an den Leichtafeln zu Nürnberg und Wöhrd also angeschrieben worden: Der Wohlehrwürdig und Hochgelehrte Herr Johann Lorenz Salmuth, Churpfälz. wohlverordneter Kirchenrath und oberster Pfarrer in der Klosterkirche zu Heidelberg. Er hat, nachdem die Franzosen Heidelberg zerstört hatten, allhier im Exilium gelebt, und ist im 74sten Lebensjahr gestorben.

Nach dem Tode des Joh. Strübinius ward seine Stelle ohngefähr ein Jahr lang durch seinen Sohn Wilhelm Strübinius, vicariatsweise versehen.

Johann Daniel Schmidtmann, ein Mann von viel Gelehrsamkeit, und für seine Zeiten ein vorzüglicher Redner, gebohren 1663 zu Alsenz im Pfalz-Zweybrückischen. Sein Vater gleiches Namens war damahls Hofprediger bey dem Herzog Friedrich Wilhelm zu Landsberg, nachher aber erster Prediger, Inspector und Consistorialrath zu Weisenheim. Er studierte zu Kaiserslautern, und unter Mieg, Eisenmenger und Fabricius zu Heidelberg. In den Jahren 1693 und 1694 bekleidete er verschiedene geistliche Aemter im Pfälzischen, biß er 1695 den Ruf zur hiesigen reformirten Gemeine erhielt, welcher er auch biß 1703 mit aller Treue vorgestanden: denn in diesem Jahre ward er nach Berlin als Kön. Preuß. Hofprediger berufen, allwo er auch 1714 Consistorialrath und ein Mitglied der Englischen Societät de propaganda fide geworden, und am 7ten Nov. 1728 gestorben ist. Von seinen Schriften und von seinem Streit wegen der Gnadenwahl mit zween hiesigen berühmten Predigern, Joh. Conr. Feuerlein und Gust. Phil. Mörl s. Hrn. Prof. Wills Nürnb. Gel. Lex. Th. I. S. 414. II. S. 632. III. S. 546. f. Von ihm ist zu bemerken, daß er 1703 in dem grossen Saal des hiesigen Gasthofs zum Reichsadler auf dem

dem Roßmarkt vor dem Herrn Marggrafen von Brandenburg Baireuth und dessen Frau Gemahlin, königl. Prinzeßinn von Preussen, eine Predigt, wozu man alle Bänke von Stein herein geführt hatte, gehalten, wobey zween Herren des ältern Raths und die ganze reformirte Gemeine erschienen. Etliche Wochen darauf hat er das neue Bethauß in dem gräfl. Polheimischen Garten eingeweyhet.

Johann Konrad Fischer, kam 1704 von Bremen, ward dahin 1708 zurück berufen, wo er auch 1724 starb.

Johann Eberhard Kluk, aus der untern Pfalz, bey Landau, von 1708 biß 1719, starb als Königlicher Hofprediger zu Berlin.

Abraham de Marées oder **Maresius,** aus Stockholm, ward 1734 als Superintendent nach Deßau berufen, wo er ein sehr hohes Alter erreicht hat. In dem Anhalt-Deßauischen Gesangbuch von 1766 stehen verschiedene Lieder von ihm.

Jakob Reinhard Herzogenrath. Seine Voreltern stammten aus den spanischen Niederlanden her, und gehörten unter jene bedauernswürdige Flüchtlinge, die bey den von dem bekannten Unmenschen Duc d'Alba erregten Verfolgungen sich glücklich schätzten, fern von ihren Besitzungen und von ihrem Vaterlande, ihr Leben als eine Beute davon zu tragen. Sie nannten sich eigentlich van Herzogenraid. Viele davon widmeten sich dem geistlichen Stande;

und diese setzten sich theils in den itzo Preußischen Niederlanden, theils in der Pfalz am Rhein fest. Sein Vater war im Anfang seiner Amtsführung Prediger im Scheflenzerthale, welches im Odenwalde, und zwar im Oberamte Mosbach liegt. Unter den traurigen französischen Verwüstungen in der Pfalz, wo er manche harte Schicksale erfahren mußte, suchte er, um denselben zu entrinnen, für sich und für seine Familie in den Preußischen Staaten Unterhalt, den er auch nach Wunsch fand. Er ward nämlich Prediger zu Essen, wo er im J. 1724 starb, und von seiner Gattin, einer gebohrnen Hahnin von Worms, drey Söhne hinterließ, wovon der eine als Prediger auf dem Vorgebürg der guten Hofnung, der andere als Goldarbeiter zu Solingen, der dritte als Prediger der reformirten Gemeine zu Nürnberg gestanden. Dieser letztere studierte zu Herborn, besonders unter D. Johann Heinrich Schramm, und zu Heidelberg. Nach vollendeten Studien ward er allhier Vikarius des Hrn. Predigers de Marées, und erwarb sich Achtung und Liebe. Er kam hierauf ins geistliche Amt in der Pfalz, allwo er sich mit Jungfer Christine Weyerin von Heidelberg verheirathete. Im J. 1734 d. 7. April wählte ihn die hiesige reformirte Gemeine zu ihrem ordentlichen Lehrer; welchen Ruf er auch angenommen, und sein Amt viele Jahre mit Segen und Erbauung geführet hat. Es gefiel dem Herrn, ihn durch harte Trüb-

Trübsale in den letzten Jahren seines Lebens zu prüfen. Es überfiel ihn 1746 Schwäche des Gedächtnisses und der Augen, und er wurde sieben Jahre vor seinem Ende ganz blind. Dem ungeachtet war er so eifrig in seinem Amte, daß er noch drey volle Jahre seine Predigten gehalten hat, wobey ihn sein hernach zu nennender Sohn Jakob Karl nach seinen Kräften unterstützte, indem er nämlich hinter ihm auf der Kanzel stund, und, wenn das Gedächtniß ihn verließ, ihm aus dem in Händen habenden Entwurf die Stelle sagte, welche im Zusammenhange folgte. Endlich aber mußte Hr. Herzogenrath einen ordentlichen Adjunkt annehmen; und dies war der seel. Dilthey, und nach demselben Herr Schmittbenner, welche sogleich vorkommen werden. Nach einer vierjährigen Krankheit, die ihn fast beständig ans Bette fesselte, erfolgte 1753 am 6ten Merz seine Erlösung von allem Uebel. Er hinterließ fünf wohl gerathene und wohl versorgte Kinder: 1) Frau Elisabeth Catharina, gebohren 1733, und verheirathet in Leimen bey Heidelberg an den dasigen reformirten Prediger, Herrn König. 2) Herr Jakob Karl Herzogenrath, gebohren 1735, hatte das hiesige Gymnasium und dann die Akademie zu Heidelberg besucht, wo er Hofmeister der beiden Herren von Spiegel wurde, und seine theologischen Studien zu Lausanne erweiterte. Seine Hauptabsicht war, einst einige von den wallonischen Gemeinen, die noch hier und da da in der Pfalz zerstreuet sind, bedienen zu können. Und diese Absicht hat er auch bald erreicht: denn d. 16. Hornung 1761 wählte ihn der kurfürstliche Kirchenrath zum Pfarrer der wallonischen Gemeine zu Otterberg, welchem Amte er biß 1776, da er nach Heidelberg als Prediger der dasigen wallonischen Gemeine und Kurpfälzischer Kirchenrath berufen worden, mit vieler Klugheit, Treue und redlichem Eifer vorgestanden ist. Er starb frühzeitig 1780 d. 20. Okt. und hinterließ aus der zwoten Ehe eine junge Wittwe mit sechs meist noch unerzogenen Kindern. Seinen vortreflichen Charakter und seine Talente hat Herr Inspector und Prof. Wund zu Heidelberg in einer am 11. Dec. 1780 vorgelesenen Gedächtnißrede geschildert, die im 2ten Hefte der Rheinischen Beyträge zur Gelehrsamkeit Jahrgang 1781 S. 154 — 162. eingerückt worden. 3) Herr Johann Jakob, gebohren 1737, der einzige, der von dieser Familie in Nürnberg geblieben und 1763 Bürger geworden, mit Hrn. Georg Wolrabs seel. Frauen Wittwe in Handlungsgesellschaft getretten, und als Schwiegersohn derselben nunmehr völliger Besitzer dieser Handlung ist. In dem gegenwärtigen Jahr ward er oberherrlich zum Marktsadjunkt des hiesigen löbl. Handelsplatzes gemacht, und seit geraumer Zeit ist er ältester Vorsteher der reformirten Gemeine. 4) Victor Friedrich Karl, gebohren 1739, Director des Laboratoriums der ostindischen Kompagnie zu Batavia,

zu

in welchem Posten er 1779 noch am Leben war.
5) Johann Karl, gebohren 1742, war zuerst Feldscherer unter den Pfälzischen Truppen, dermahln ist er Chirurgus zu Weinheim.

Leopold Friedrich August Dilthey, ein Mann von viel Scharfsinn, Gelehrsamkeit und Geschmack, gebohren 1725 zu Röthen im Anhaltischen, wo sein Vater hochfürstlicher Stallmeister war. Er hatte zu Halle studiert, und wurde 1747 hieher als Adjunct des kranken Predigers Herzogenrath berufen. Man schätzte seine Talente und sein edles Herz, und er ward bey uns allgemein beliebt. A. 1752 gieng er nach Schwobach als Prediger der dasigen französischreformirten Gemeine, und in gleicher Qualität 1760 nach Petersburg. Seine würdige Gattinn war Regine Louise Hegenwald, aus Nürnberg, mit der er sich 1751 zu seiner grossen Zufriedenheit verbunden hat, sie aber 1763 d. 5. Jänner zu Petersburg in ihrem 30sten Jahre an den Blattern sterben sehen mußte. *) Vier Kinder hatte sie ihm

*) Herr D. Büsching edirte 1766 zu Hamburg in 8. eine Schrift mit dem Titel: Der Christ bey den Särgen. In derselben findet sich S. 130: Rede bey dem Sarge meiner Schwägerin, der Frau Pastorin Regine Louise Dilthey, gebohrnen Hegenwaldin, welche ich am 19. Jänner 1763 von der Kanzel der reformirten Kirche zu St. Petersburg gehalten habe.

ihm gebohren, von denen ein einziger Sohn, Isaak Daniel, sie und ihren Gatten, überlebet und 1776 zu Breslau Oden und geistliche Lieder, die viel Anlage verrathen, heraus gegeben hat. — Herr Pastor Dilthey muß in Petersburg frühzeitig gestorben seyn: denn in dem Gedicht, womit sein Sohn dem Hrn. D. und Oberconsistorialrath Büsching zu Berlin und dessen Gattin seine Oden zugeeignet hat, redet er als Neven beide so an:

Nehmet den Dank hin, den ich schuldig bin
    Eurer Vater- und Mutterhuld.
Denn ich war noch ein Kind, als das
    Loos mich traf,
Zu verwaysen — — —

Die Schriften des Hrn. Pastor Dilthey, die er biß 1755 heraus gegeben, kann man im Willischen Nürnb. Gel. Lexik. Th. I. S. 277 verzeichnet finden.

Der gegenwärtige Prediger, Herr David Jakob Eliseus Schmittbenner, ist A. 1725 d. 29. Julii, in Solms Braunfels gebohren, wo sein Herr Vater damahls zweiter Pfarrer war; welcher von da nach Werdorf, 1 Meile von Wetzlar, als Pfarrer und Hofprediger einer Frau Gräfin von Solms gekommen, und endlich als Oberpfarrer in dem solmischen Städtchen Wölfersheim bey Friedberg 1772 im 80sten Jahr seines ruhmvollen Alters gestorben ist. Dieser sein Herr Vatter war in Herborn

1693

1693 gebohren, und dessen Vorfahren sind in Civil und Militär Diensten der Durchlaucht. Prinzen von Nassau-Oranien, und des Königs Wilhelm in England bekannt und berühmt gewesen; und dessen Großvater Hr. Johann Jacob Schmittbenner A. 1678, bey der Belagerung Ipern in Flandern als Lieutenant todt geblieben.

Sein Herr Vater, der Oberpfarrer Johann Philipp Schmittbenner, hat auf eigene Kosten 6 Söhne studiren lassen, wovon der erste Johann Christopp Fürstl. Solmischer Hofprediger und Pfarrer zu Aßlar bey Wetzlar, dessen beyde Söhne wieder Officier in Holländischen Diensten unter dem Regiment d'Envie sind. Der 2te, Johann Wilhelm, welchen der Fürst Wilhelm zu Nassau Dilleburg und Dessen Frau Gemahlin aus der Tauf gehoben, ist Doctor Medicinae zu Paramaribo in Surinam. Der 3te, David Jacob Elisäus, ist Prediger in Nürnberg. Der 4te, Friedrich Benignus, welchen der Fürst Friedrich zu Solms Braunfels und Dessen Frau Gemahlin aus der Taufe gehoben, ist Königlich preußischer Obrist Lieutenant, bey dem von Heudingischen Infanterie Regiment, und Commendant auf dem Scheffelberg in Glatz. Der 5te Johann Jakob, ist Pfarrer zu Oberhonnefeld im Neuwiedischen. Und der 6te Johann Salomon Jakob, welcher in Königl. preußischen Diensten als Lieutenant abgedankt worden, ist endlich aus Kayserlichen in Dänische

nische Dienste gekommen, und informiret jetzt in der französischen und andern Sprachen zu Rendsburg im Holsteinischen.

David Jacob Elisäus Schmitthenner, hat, nachdem ihn sein Herr Vater selbst so weit unterwiesen, daß er ad Lectiones publicas gelanget, in Herborn, wo seines Vaters einzige Schwester, des dortigen Kaufmanns und Rathsherrn Johann Adam Ruhn, Frau Liebste wohnte, seine Studien unter sehr berühmten Lehrern von 1743 — 1747 fortgesetzet, von gedachter seines Vaters Schwester viel Fürsorge und Wohlthaten genossen; und ist endlich zu Herborn von den Doctoribus Theologiae, Hrn. Joh. Heinr. Schramm, Hrn. Joh. Jac. Schultens, Alberti Filio, und Hrn. Professor Eberhard Rau, examinirt und mit vielem Lob d. 22sten Märt 1747, als Candidatus Ministerii aufgenommen worden. Von A. 1748 — 1749 hat er für seinen kranken Vetter, den Fürstlich solmischen Hofprediger Hrn. Winter in Hungen vicariret; wurde darauf d. 14. Aug. 1749 in Herborn von Hrn. D. Schramm, Hrn. Prof. Arnold, und Hrn. Pfarrer Klingelhöfer ordiniret und zu Administrirung der h. Sacramente eingeweihet, gieng als Vicarius des damaligen Hrn. Legationspredigers Schramm nach Regenspurg, wo er über ein Jahr lang in der Holländischen Gesandtschafts Capelle das Predigtamt mit viel Beyfall und Erbauung verrichtet hat. Von dannen gieng er wieder

der zu seinem Herrn Vater, versahe dessen Filial-Kirche Weckesheim, biß er als Vicarius des viele Jahre lang krank und blind gelegenen Hrn. Joh. Reinh. Herzogenraths, nach Nürnberg beruffen wurde, wo er am 30sten Sept. 1752 ankam, und solchen Beyfall in seinen Amts-Verrichtungen fand, daß er nach dem seeligen Absterben gedachten Hrn. Herzogenraths von der Gemeine d. 3. April 1753 zu dessen Nachfolger einstimmig erwählet worden. Am 2ten Julii 1753 trat er in den Stand der Ehe mit Jungfer Johanna Catharina Schmid, des seel. Hrn. Heinrich Schmids, Kauffmanns in Hanau, hinterlassenen einzigen Jungfer Tochter; welche liebreiche und fromme Frau aber immer krank war, und zu seinem schmerzlichen Leydwesen am 14ten Januar 1758, ohne Kinder gestorben ist. Am 19ten Oct. 1758 wurde er zum zweytenmahl in Hanau kopulirt, mit Jungfer Sara, weyland Herrn Louis Serrurier, Predigers der holländischen Gemeinde daselbst, hinterlassenen jüngsten Jungfer Tochter; welche fromme Ehegattin aber nach ausgestandenen schweren und langwährigen Krankheiten, nachdem Sie das 9te Kind gebohren, nebst solchem im Wochenbett gestorben; der ihm sehr schmerzliche Verlust und Todesfall auch dieser geliebten Gattin erfolgte d. 9ten Sept. 1775; und sie hinterließ ihm 5 Töchter im Leben. Er schritte deswegen zur dritten Ehe, mit der französischen Demoiselle Jeanne Françoise, Hrn. Simon Moulin,

Moulin, Fabricanten und Vorstehers der französischen Gemeinde in Wilhelmsdorff nachgelassenen jüngsten Jungfer Tochter, mit welcher er am 7ten May 1776 zu Altenfurt, 1 Meile von Nürnberg, kopulirt worden, und welche ihm 3 Töchter und einen Sohn bereits gebohren hat. Bey allen harten und traurigen Umständen und schmerzlichen Todes-Fällen hat ihn Gott bißher erhalten, und ihm in seinem Amt und Hause nun 30 Jahre lang so viel Seegen gegeben, daß er auch alle auswärtige Anträge ausgeschlagen hat, und bey seiner kleinen Gemeine unter vielen Kümmernissen und Sorgen aushalten wollen, zumahl da er viele überzeugende Proben der göttlichen Fürsorge für diese arme Kirchgemeine erfahren hat. Er hat dem Druck überlassen:

Eine Bußpredigt bey Gelegenheit der zersprungenen Pulvermühle an der Nürnbergischen Vorstadt Wöhrd. Frankf. 1764. 4.

Sittenlehre der Christen, wie man dieser Welt recht gebrauchen soll. Eb. das. 1766. 4.

Predigten über ausgesuchte Sprüche der heil. Schrift auf alle Sonn- Fest- und Feyertage des ganzen Jahrs. 2 Theile. Schwobach 1777 und 1778.

Beylagen.

Beylagen.

I.

J. P. Schechs,
Pastors in der Vorstadt Wöhrd,

Bedenken,

ob Evangelischlutherische bey den Leichen reformirter Personen mit gutem Gewissen das Lied: Nun laßt uns den Leib begraben ꝛc. singen können.

(Der Eingang, der nichts wesentliches enthält, und hier und da ein überflüßiges Citatum bleibt weg.)

Erstlich wird der Gesang: Nun laßt uns den Leib begraben ꝛc. bey der Leichbestattung einer reformirten Person wider unser besser Wissen und Gewissen gesungen. Sintemal wir ja wissen, daß eine solche Person in unterschiedlichen Glaubensartikeln, als von der Gnadenwahl und heil. Abendmahl nicht recht und wahrhaftig mit uns einstimmet. Wie könten wir denn einer solchen Person in und mit diesem Gesang das öffentliche Zeugniß geben, des wahren seeligmachenden Glaubens, des seeligen Endes und dermahleins der fröhlichen Auferstehung am jüngsten Tage? — Ja mit was für einem Gewissen können wir Lebendige Gott im Himmel in solchem Gesang versprechen,

sprechen, einander zuzurufen, daß wir uns auch mit allem Fleiß so schicken wollen zu glauben, wie der Verstorbene zu glauben sich geschickt hat? Ja, mit was Gewissen können wir Christum Jesum unsern Trost bitten, er wolle uns auch so helfen glauben und seelig sterben, *) wie der Verstorbene in seiner reformirten Religion geglaubt hat und gestorben ist? Nun aber dies alles wird in und bey diesem Lied begriffen.

Sein Seel lebt ewig in Gott, der sie allhier aus lauter Gnad durch seinen Sohn erlöset hat.

Sein Jammer, Trübsal und Elend ist kommen zu einem seeligen End. Er hat getragen Christi Joch, ist gestorben und lebt doch noch.

Die Seele lebt ohn alle Klag; der Leib schlaft biß auf den jüngsten Tag, an welchem Gott

*) So weit giengen ehemals unsre Stockorthodoxen, hielten ihre eigene Lehre für die allein seeligmachende, und glaubten, mittelst einiger dogmatischen und scholastischen Formeln die Seeligkeit wie ein Monopolium geben zu können. Diesen Dünkel, der von den Protestanten aus dem Pabstthum mit herüber gebracht worden, und der alle Fortschreitung im Denken und in der Aufklärung ausschließt, finden itzt freylich alle vernünftige Protestanten ungereimt und schriftwidrig. Gott gebe, daß er bald ganz von allen Kathedern und Kanzeln verbannet werden möge! A. d. H.

Gott ihn verklären und ewiger Freud wird gewähren.

Hier ist er in Angst gewesen, dort aber wird er genesen, in ewiger Freud und Wonne leuchten wie die helle Sonne.

Nun laſſen wir ihn hier ſchlaffen, und gehn all heim unſre Straſſen, ſchicken uns auch mit allem Fleiß ꝛc.

Wahrhaftig, wer dies Lied mit recht chriſtlicher und lutheriſcher Andacht betrachtet, der kann es ohne Anſtoß ſeines Gewiſſens bey der Leichbeſtattung einer reformirten Perſon nicht ſingen.

Zweytens kann man bey der Sepultur einer reformirten Perſon dies Lied nicht ſingen, weil es wider den treuen Rath und wohlgefaßte Bedenken unterſchiedlicher reiner und geſunder Theologorum. Herr D. Gerhardus Tom. 8. L. C. p. 154 führt dieſe Worte: Si contemtores verbi et ſacramentorum ac manifeſte impii, vel deſperatione defuncti, chriſtiana et honeſta ſepultura cohoneſtantur, praeceptum Dei de cavendo numinis abuſu, ac piorum ab impiis ſeparatione violatur — Cum abuſu nominis divini coniunctum eſt, ſi verbum Dei in cantilenis ac concionibus funebribus comprehenſum ad ſepulturam cohoneſtandam adhibetur, qui fuerunt verbi contemtores, manifeſti hoſtes,

hoſtes, et Epicurei illuſores etc. *) Herr Cunrad. Schlüſſelburgius **) ſchreibt in ſeinen 24 theol. Fragen p. 215 alſo: „bedenke doch, mein frommer Chriſt, wann hie bey uns ein Papiſt oder Calviniſt mit unſern chriſtlichen Geſängen ſollte zur Erden beſtattet werden, würde ihm alsdann nicht wiſſentlich, wider unſer Gewiſſen, ein lügenhaftes und falſches Zeugniß gegeben? Sintemahl er ja nicht können ſeelig abſterben, vielweniger dermahleins frölich zum ewigen Leben aufſtehen; welches aber unſere lutheriſche Cerimonien und Geſänge ihm nachzeugen und nachſingen.„

Der

*) Gerhard ſagt hier kein Wort von den Reformirten, hat auch vielleicht nicht einmahl an ſie gedacht.

**) Wer dieſen Mann nicht ſchon als einen ſehr intoleranten und unruhigen Kopf kennet, der leſe ſeine Lebensgeſchichte in Jöchers Gelehrten Lexikon! Welch ein Muſter er in der Kunſt geweſen ſey, im eigentlichen Verſtande Ketzer zu machen, davon zeugt ſein Catalogus haereticorum in dreyzehn Octavbänden den er innerhalb 3 Jahren geliefert hat, und von dem es eben nicht ſehr zu bedauern iſt, daß er h. z. T. unter die ſeltenen Bücher gehöret. Von ſeiner Theologia Calviniſtarum, in qua demonſtratur, eos de nullo fere doctrinae chriſtianae articulo recte ſentire, urtheilt Reimman im Catalogo bibl. theol. ſyſtem. critico S 478, es ſey opus auſterum nimis et acerbum et immite, ut ſolent eſſe fratrum inter ſe diſcordiae, ſiquando verbis invicem altercari incipiunt.

Dergleichen ist auch zu finden bey Herrn Dunte — item bey Dedekenno. Sonderlich aber liegt noch frisch vor Augen die deßwegen treuherzig abgegangene Vermahnung an alle Kirchen und Schuldiener Herrn M. Sauberti, weiland wohlverdienten Hn. Predigers bey St. Sebald allhier, welcher in seiner 1652 gedruckten Gemähldepostill Dom. 16. post Tr. p. 302 dieser Wort sich gebraucht: So sind wir nun mit Gott resolvirt, anjetzo eine kurze Trostpredigt für die leidtragende zu halten und zu hören. Da ich denn vor allen protestire, daß solcher Trost nicht gelten soll den epicurischen Sündern und halsstarrigen Verächtern unserer Religion, sie leben oder sterben. Ja nach dem Tod, wenn man sie begraben soll, können und werden ihnen Kirchen- und Schuldiener solch öffentlich Zeugniß mit allen Umständen, wie den frommen Glaubensgenossen, nicht geben. Es wäre dann, wir wollten wider Gottes Wort, wider unser eigen Gewissen und unser öffentliches Agendbuch handeln, vermög dessen wir von E. E. Magistrat dahin angewiesen werden, daß wir dießfalls mit Lesen und Singen einen Unterschied machen und halten sollen. Und beruft sich gedachter Hr. Saubertus eben auf diese Worte des hiesigen Agendbuchs p. 185, *) und schliesset endlich so: Sind demnach

*) Nach der Ausgabe des Nürnbergischen Agendbuchs vom J. 1639 S. 185 heißt es: Demnach sich jederwei-

dieß gewißlich gottlose Leute, die solche von Gott gebotene Ordnung, wann sich oberzählte Fälle ereignen, alsdann übel deuten, Kirch- und Schuldiener deßwegen auf der Gassen oder Kirchhöfen hart anfahren, und sonst auf das ungütlichste davon reden.

Drit-
ten Fall begeben, daß öffentliche ruchlose Spötter (Widerwärtige der Religion) [in der Ausgabe vom J. 1692 sind die Worte: **Widerwärtige der Religion** weggelassen, und dafür: **Verächter der Religion** gesetzt worden] und unbußfertige Epicurer in ihren Sünden dahin sterben, als erfordert es die Erbauung der christl. Kirchen, sonderlich aber der Kirchen- und Schuldiener Gewissen, zu Verhütung der grossen Aergerniß und schwehrer Verantwortung, daß sie denselben nicht eben dieses öffentliche Zeugniß als wie den abgeleibten Frommen ertheilen sollen. Derohalben, wo man ja in solchen Fällen mit öffentlichem Gesang das Leichbegängniß halten müßte, sollen die Kirchen- und Schuldiener erinnert seyn, daß sie sonderbare hiezu tüchtige Gesänge erkiesen, sonderlich aber vor der Thür an statt des Gesangs: Mitten wir im Leben ꝛc. die erbauliche Gesetzlein ex Hymno: Kommt her zu mir, spricht ꝛc. singen, da der Anfang also lautet: Gern wolt die Welt auch seelig seyn ꝛc. und beschliessen mit dem Gesetzlein: Höret und merkt ihr lieben Kind ꝛc. Worauf im Fortgehen durch die Stadt die Bußpsalmen wechselsweise können gesungen, bey dem Grab aber auf dem Kirchhofe gebraucht werden das Gesang: Gott der Vatter wohn uns bey ꝛc.

Drittens ist es auch wider unser hiesiges Normalbuch, zu welchem wir Kirchendiener mit einem leiblichen Eid verbunden sind. Dasselbe aber lehret mich und einen jeden unter uns, von den Calvinisten dieses zu halten: Daß, weilen sie irrige Leute, die da aus lauter Muthwillen nicht bekennen wollen, daß es (verstehe im heil. Abendmahl) der Leib und das Blut Christi sey, allein darum, weil sie es mit ihrer blinden Vernunft nicht begreifen können, wie es zugehe, so sollt ihr doch euch mit allem Fleiß hüten, daß ihr ihnen nicht gleich werdet, und euch nicht verführen lasset. Dann solche Leute sind sein gewißlich nicht Christen p. 1358. Sollen wir uns nun nach Besagung unsers Normalbuchs mit Fleiß hüten, daß wir ihnen nicht gleich werden. Item, sind die Calvinisten keine Christen, *) wie kann man denn nach ihrem Absterben ihnen ein öffentlich Zeugniß geben, daß sie christlich gelebt, christlich gestorben und deßwegen leuchten werden, wie die Sonne?

D 4 Vier-

*) Was sind sie denn? Vielleicht gar Türken? Dafür hielt sie der chursächsische Hofprediger D. Matthias Hoe, der ein Buch unter dem Titel heraus gab: Augenscheinliche Probe, daß die Calvinisten mit Arianern und Türken übereinstimmen, und der Katholik Gifford schrieb unter dem Namen Guil. ein Reginaldi Werk: *Calvino-Turcismus.*

Viertens werden durch die Anhörung dieses Gesangs bey der Sepultur einer reformirten Person die einfältigen unter den Unsern in ihrem Glauben und Christenthum nicht wenig, sondern sehr geärgert, als wenn gleichsam gar kein Unterschied wäre zwischen einem Lutheraner und einem Reformirten, weil man bey eines jeden Leichbestattung indiscriminatim einerley Lieder singt, und einen so wohl als den andern seelig preiset, da doch in rei veritate ein grosser mächtiger Unterschied ist. Denn was hat das Licht für Gemeinschaft mit der Finsterniß? Wie stimmet Christus mit Belial? oder was für ein Theil hat der Glaubige mit dem Unglaubigen? 2 Cor. 6, 14. Zur Verhütung nun der daraus entspringenden Aergerniß wäre es ja vor Gott und in unserm Gewissen viel besser und verantwortlicher, wenn man bey unserer einmahl mit gutem Rath und Bedacht verfertigten Kirchenagenda simpliciter und allerdings thäte verbleiben, und bey der Sepultur einer reformirten Person einmal für allemahl statt des Lieds: Nun laßt uns den Leib ꝛc. den Hymnum: Gott der Vater wohn uns bey ꝛc. singen ließ. Eingedenk, was dort Jesaias 32, 8. sagt: Fürsten (und also auch christliche Herren und Regenten) werden fürstliche Gedanken haben und auch darob halten.

Es mögte aber hierwider eingewendet werden, 1) mit den Worten des Agendbuchs: widriger Religion, wäre damahls bey Abfassung desselben auf

die

die Weigelianer gesehen worden, sie mit dieser Nota zu schröcken, daß sie sich desto fleisiger zur Anhörung unserer Predigten einfinden sollten? Antwort: Aus der 1640 d. 2. Sept. von Herrn Ulrich Grundherrn, als damahl wohlregierenden Kirchenpfleger den Herren Predigern gegebenen Antwort erscheinet genugsam, daß nicht die Weigelianer allein, sondern auch die Papisten und Calvinisten mit gemeinet seyen; bey welcher gegebenen Antwort Ihro Herrlichkeit dazumahl ein für allemahl beständig zu verbleiben befohlen hat. Und ist hernach diese Antwort wiederum A. 1651 d. 3. Febr. per Senatus Decretum bestätiget worden. Wollte

2) eingewendet werden: Man müste gleichwohl mit den Reformirten etwas gemach thun, weil sie nunmehr vigore Instrumenti pacis in den öffentlichen Frieden mit eingeschlossen worden? Antwort: Aliud est, Calvinianos vigore pacis politicae tolerare, et aliud, eosdem propter pacem aeternam beatos praedicare. Jenes mag gelten, dieses aber nicht. Zu dem wird hoffentlich das Instrumentum pacis keinem Evangelischen Stand im Reich auferlegen, die von Alters hergebrachte Kirchenceremonien um der Calvinisten willen zu ändern, sondern vielmehr stabiliren. Gestalt denn die verba Instrumenti Pacis Artic. VII. klärlich zu erkennen geben. Würde

3) eingewendet: Man müste Unterschied machen zwischen den ruhigen und unruhigen, zwischen den

nen und gottlosen? Antw. Wenn es zur Sepultur kommt, will jeder für einen frommen und ruhigen gelobt werden; und würden also unter dieser distinction alle Calvinisten mit hindurchwischen. Wird

4) eingewendet, warum denn auf beiden Kirchhöfen St. Johannis und Rochus *) dies Lied der Reformirten gesungen wird, item warum man sie daselbst gar seelig verstorbene Mitbrüder und Mitschwestern nennet? Es wäre zu wünschen, daß auch daselbst eine Conformität gehalten würde, als die wir unter einer Obrigkeit dienen, item auf einerley Kirchenordnung geschwohren haben, eingedenk der Ermahnung Pauli: Ich ermahne euch — daß ihr allzumal einerley Rede führet, und lasset nicht Spaltung unter euch seyn, sondern haltet fest an einander in einem Sinn und in einerley Meynung, 1 Cor. 1. Und eben auf solche durchgängige Einigkeit hatte sein Absehen unser Heiland, wenn er seinen himmlischen Vater also gebeten: Ich bitte dich, daß sie alle Eines seyen 2c. Joh. 17. Weil es aber nicht geschieht, laß ichs die verantworten, welche dieser Einigkeit nicht nachjagen. 2c. 2c.

5) Wird eingewendet, wir sollten aber gleichwohl unsere Feinde lieben, nach dem Wort Christi Luc. 6, und kraft solcher Liebe ihnen solchen Ehrendienst

---

*) Auf einen von beiden Kirchhöfen wird gewöhnlich jeder, der in der Stadt stirbt, beerdigt. Ich erinnere dieß bloß wegen auswärtiger Leser.

dienst mit diesem Gesang erweisen? Unserer Person Feind sollen wir freylich lieben, ja demselben Gutes thun, wo wir können; Gottes Feind aber sollen wir hassen *) nach dem Exempel Davids: Ich hasse, die dich hassen ꝛc. Ps. 139. So vermahnet auch Petrus, Unterschied zu halten der brüderlichen und gemeinen Liebe, 2 Petr. 1. Dieser apostol. Vermahnung nach kann man **) gemeine Liebe fremden Religionsverwandten wol erzeigen, sie im Nothfall herbergen; sie lassen der Welt Freyheit geniessen, aber nicht darum als Brüder nach ihrem Tod seelig preisen: denn man hiebey Gottes, als dem man die grösste Lieb schuldig ist, wie auch der reinen Religion nicht vergessen soll.

Weil demnach der Inhalt des Gesangs: Nun lasst uns ꝛc. 1) wider unser besser Wissen und Gewissen, 2) wider den treuen Rath und wohlgefaßtes Bedenken

*) Daß ein Eiferer in der Hälfte des siebzehnten Jahrhunderts solche Grundsätze hatte, ist vielleicht nicht so sehr zu bewundern, als daß in dem letzten Viertel des achtzehnten Seculums Herr (Haupt-) Pastor Göze zu Hamburg in einer eigenen Schrift beweisen wollte, daß die Hamburgische Kirche die dem duldsamen Geiste des Evangeliums so wenig angemeßnen Worte Ps. 79, 6: Schütte deinen Grimm aus ꝛc. nach immer zu beten die höchste Ursach und Verbindlichkeit habe.

**) Warum nicht: Soll man?

denken reiner und gesunder Theologorum; 3) auch wider unser hiesiges Normalbuch, 4) die Einfältigen unter unsern Glaubensgenossen nicht wenig dadurch geärgert werden, indem es bey ihnen das Ansehen hat, als wäre gar kein Unterschied zwischen einem, der der unveränderten Augsp. Confession, und zwischen dem, der der reformirten Religion zugethan ist, weil dies Lied indiscriminatim bey eines jeden Sepultur gesungen wird, zu geschweigen, daß die Calvinisten durch die Fortsetzung dieses Gesangs nicht wenig in ihrem Irrthum würden gestärkt werden, wenn sie hörten, daß man sie als wahre Glieder unsrer Kirche thäte seelig preisen, auch gewißlich sich ins Herz hineinfreuen würden, wenn sie solcher Gestalt durch E. E. und Herrlichkeit mit so gutem Bedacht verfaßte Kirchenordnung, welche ihnen wohl bekannt, ein Loch machen könnten; als werden Ew. ꝛc. hiemit unterthänigst um der Ehre Gottes und der Erbauung seiner Kirche willen ersucht und gebetten, mich endesgenannten Kirchendiener bey der einmal gemachten und verfaßten Kirchenordnung zu schützen und zu handhaben, und ohne Maßgebung zu reden, großgünstig zu verordnen, daß bey der Sepultur einer reformirten Person der Hymnus: Nun laßt uns ꝛc. allezeit ausgelassen, und statt desselben: Gott der Vater wohn ꝛc. oder Herzlich lieb hab ich ꝛc. mögte gesungen werden; eingedenk, daß jederzeit viel andere und vornehme Policeyen auf Ew. ꝛc. löbliche Statuta, Gesetz und Ordnungen ein starkes Absehen gehabt, und sich darnach gerichtet. Wel-

Welches ich denn Ew. ꝛc. in Unterthenigkeit aus treuem Herzen vortragen, und zugleich Dieselbe um eine endliche Resolution habe bitten wollen, alles um der Ehre Gottes willen — zu dessen Schutz und Regierung Ew. ꝛc. ich andächtig befehlen thue. Geschehen im J. 1654 d. 17. Sept. im Markt Wöhrd.

E. E. E. und Herrl.

unterthäniger Diener am Wort Gottes und schuldiger Vorbitter

M. Jac. Pet. Schechs,
Pfarr. zu Wöhrd.

II.

Verschiedene Schreiben des höchstseel. Königs von Preussen, Friedrichs I. an den Magistrat zu Nürnberg.

I.

Von Gottes Gnaden Friedrich, König in Preußen ꝛc. ꝛc.

Unsern gnädigen Gruß und geneigten Willen zuvor.

Ehrenveste und Weise, Liebe besondere. Nachdem wir Unsers Herrn Vettern, des Marggrafen zu Brandenburg Onoltzbach Liebden, Geheimden Rath, den dem Freyherrn von Reichenbach, wegen Verstattung des Exercitii Religionis für unsere Glaubensgenossen der evang. reformirten Religion einiges Gewerbe an Euch aufgetragen, und derselbe Uns allerunterthänigst referirt, was Gestalt Ihr denselben auf sein Anbringen nicht allein sothanes Exercitium religionis in der Vorstadt, gegen einen von ihnen ausgestellten Revers vergunnet und zugestanden, sondern Euch auch wegen eines des Episcopal-Rechtens halber projectirten sichern Formularis, welches die reformirte Gemeinde dem Revers gern annectirt gesehen hätte, dahin gewührig erkläret, daß es bey selbigem sein Bewenden haben solle, obschon sothanes Formular dem Revers nicht annectirt worden ist; So haben Wir Euch Unser darüber empfundenes Vergnügen zu bezeugen, keinen Umgang nehmen wollen. Wir erstatten Euch demnach für die Uns hiebey bezeugte Willfährigkeit allergnädigsten Dank, und wie Wir die Wohlfahrt und Ruhestand Eurer Stadt allezeit zu Herzen nehmen; also werden Wir auch, was zu Beförderung derselben gereichet, an Uns nichts erwinden, absonderlich aber Euch bey allen Vorfallenheiten Unsere Königliche Huld und Gnade, durch thätliche Kennzeichen verspühren lassen, und Euch mit selbiger jederzeit wohl beygethan verbleibend. Geben Schönhausen, d. 28. Julii 1703.

Friedrich R.

An den Magistrat zu Nürnberg wegen Verstattung des Exercitii religionis in der Vorstadt vor die Reformirten daselbst.

P. F R. von Fuchs.

2.

2.

Von Gottes Gnaden Friedrich König in
Preussen ꝛc. ꝛc.

Unsern gnädigsten Gruß und geneigten Willen zuvor.

Ehrenveste und Weise, Liebe, Besondere,

Nachdem uns die dortige reformirte Gemeine unterthänigst gerühmet, was gestalt Ihr Unsere ihretwegen an Euch ergangene Fürschrift nicht sonder gedeyhlichen Effect seyn lassen, und ihnen in Consideration derselben, das Exercitium Religionis ad interim in Eurem Territorio verstattet; so haben Wir keinen Umgang nehmen wollen, Euch Unser darüber empfindendes gnädigstes Vergnügen hierdurch zu eröfnen, und Euch anbey Unserer beständigen Königlichen Huld und Gnade nochmahln zu versichern.

Gleichwie aber erwähnter Gemeine zur besondern Consolation und Freude gereichen würde, wenn sie sothanes ihr ad interim concedirte Exercitium Religionis perpetuo und beständig zu geniessen haben könnte, und Wir zu Euch das vollkommene gnädigste Vertrauen gefasset, daß, da Eurer Stadt dadurch nichts abgehet, sondern selbige in mehrern Flor und Aufnehmen gebracht, mehr besagte Gemeine auch eine zwischen beyderseits Religionsverwandten zu allen

Zeiten,

Zeiten, abſonderlich aber bey itzigen gefährlichen Conjunkturen höchſt nöthig gute Harmonie zu ſtiften, ſich angelegen ſeyn laſſen wird, Ihr Euch deßfalls gewuhrig gegen dieſelbe bezeigen werdet; Alſo haben wir Euch ſolche derſelbe Angelegenheit hierdurch aufs kräftigſte recommendiren wollen, mit gnädigſten Gesinnen, die gegen Uns bezeigte Deferenz und gute Intention dahin zu vermehren, und Ihnen ein perpetuum Exercitium religionis in Eurem Territorio zu verſtatten, wodurch wir um ſo viel mehr werden veranlaſſet werden, Euch dahin wiederum Unſere gnädigſte propenſion, Huld und Gnade verſpühren zu laſſen. Mit deren Wir Euch allſtets wohl beygethan verbleiben. Schönhauſen. d. 15. Maii 1704.

Friedrich R.

Graf Wartenberg.

An
die Kaiſ. freye Reichsſtadt
Nürnberg, betr. die reformirte Gemeinde daſelbſt, derſelben ein perpetuum religionis Exercitium zu geſtatten.

Als hierauf dem Könige von Preussen eine etwas dilatorische Antwort zugeschickt wurde, erfolgte von Demselben folgendes nachdrückliche Schreiben:

3.

P. P.

Nachdem Wir Uns bey den vorgewesenen höchst gefährlichen Coniuncturen die Erhaltung und Wohlfahrt Eurer Stadt mit allem Fleiß angelegen seyn lassen; So hätten Wir Uns billig in Unserm an Euch gebrachten Desiderio wegen Perpetuirung des unsern Glaubensgenossen in der Vorstadt bey Euch concetirten Interims-Exercitii religionis einer mehrern facilität zu Euch versehen, als Ihr Uns in Eurem unterthänigsten Antwortschreiben vom 10. Oct. jüngsthin zu erkennen gegeben habt.

Wir haben aber dem ohngeachtet annoch zu Euch das besondere gnädigste Vertrauen, daß Ihr die Sache nochmahln in reifliche deliberation ziehen, und fürnemlich erwegen werdet, was ein Grosses die evang. reformirten Puissancen Engelland, Holland und Wir, in dieser nunmehr zu Ende gehenden Campagne für die Sicherheit des Reichs, und in specie Eurer Stadt gethan; und obgleich durch den von dem Allerhöchsten verliehenen glücklichen Succeß Ihr der angedrohten

drohten Gefahr in so weit entnommen worden; so werdet Ihr dennoch iezt erwähnter reformirten Puissancen Assistenz und Hülfe allezeit benöthigt seyn, da ihr dann selbsten ermessen werdet, daß Euch nicht anders als zum Vorwurf gereichen könne, wenn Ihr Euch so bitter und widrig gegen derselben Glaubensgenossen (welche Einen theuern Erlöser und Heiland, auch, ausser in wenigen Stücken, Einen theuern Glauben mit Euch haben) bezeiget, zumahl in einer Angelegenheit, durch welche Euch im Geringsten nichts abgehet noch praeiudicirt wird, sondern die vielmehr zum Flor und Aufnehmen Eurer Stadt gereichet; wo hingegen Ihr versichert seyn könnet, daß durch die ihnen bezeigende Willfährigkeit, mehr besagte reformirte Puissancen werden bewogen werden, sich nicht allein Eurer in allen Vorfallenheiten nachdrücklich anzunehmen, sondern auch den evang. Lutherischen mehrern Faveur und Gnade zu erweisen, wie denn auch Wir sie in Unsern Herzogthum Cleve und dortigen Landen, ob wir gleich nicht dazu gehalten sind, aus Liebe aufgenommen, und ihnen Kirchen zu bauen verstattet haben. Welchem nach Wir dann der ungezweifelten Hofnung leben, daß Ihr in Erwägung aller solchen triftigen Motiven keine fernere difficultät machen werdet, oft besagten Unsern Glaubensgenossen, den evang. Reformirten, ein beständiges Exercitium Religionis alldort zu verstatten, und sie Eurer Protection und Schutzes geniessen

sen zu lassen; allermassen Wir solches hierdurch an
Euch nochmahl gesinnen, und in Erwartung Eurer
willfährigen Erklärung Euch und Eurer Stadt mit
Königl. Propension und Gnade wohl beygethan ver-
bleiben. Gegeben zu Cölln an der Spree, d. 25.
Nov. 1704.
              Friedrich R.
                Gr. Wartenberg.

III.
Verzeichniß reformirter Personen, welche in resp. ansehnlichen Kriegs- und Civilbedienungen der Republik Nürnberg gestanden sind.

Christoph Hardesheim, oder Herdesianus, aus
einer adelichen Familie zu Halberstadt gebohren, ward
1565 Consulent allhier, in welcher Station er zu den
wichtigsten Geschäften und Gesandtschaften gebraucht worden und 1585 mit bleibendem Nachruhm gestorben ist.
Er hat in den letzten 14 Jahren seines Lebens viele
theologische Schriften, besonders die Historie der
Augsb. Conf. unter dem Namen Ambrosius
Wolf heraus gegeben. Seine 6 Söhne sind aber von
ihren Müttern, deren die eine Maria Pfinzingin
von Henfenfeld, und die andere Sabina von Thill
war, in der evang. lutherischen Religion erzogen worden.

David

David Preislinger, I. V. D. und der Republik Advokat, starb 1637.

Paul Freber, der ältere, I. V. D. und Advokat, starb 1625.

Andreas Freber, stund in gleicher Würde.

Lorenz von Sandrart, I. V. L. und Advokat.

Paul Freber, der jüngere, sein Sohn Carl Joachim, Daniel Bschehrer und Anton Blomart, waren Doctores Medic. und bey hiesig gemeiner Stadt Physici ordinarii.

Jacob Blomart, Marktsadjunkt beym Bangericht.

Gamaliel Cordier, Bedienter im Schauamt und Unter Kassier im Bankoamt.

Jakob Schmöll, Verwalter im Zucht und Werthauß, und Gegenschreiber des Getraidaufschlags.

Leonh. Gabr Stadler, Schafner bey den 12 Brüdern in der Mendelischen Stiftung.

* * *

Johann Pleitner, Obrister bey der Stadt, wie auch beym Fränkischen Kreiß über ein Regiment zu Fuß.

Monsieur Buiner, Lieutenant.

Joh. Jakob Reyer, Kriegskommissar.

Isaak Soemer, Regimentsfeldscherer.

Nachstehende Glieder der hiesig reformirten Gemeine haben von Fürsten und grossen Herren Titel und Charaktere gehabt:

Joachim

Joachim von Sandrart, auf Stockau, der berühmte Mahler, auf welchen Nürnberg noch immer stolz seyn darf, war Churpfälzischer und hochfürstl. Neuburgischer Rath und Ritter vom St. Marcus.

Joh. Daniel Geyßel, der ältere, war Churpfälzischer Rath und Ajent von den Churfürsten Carl und Carl Ludwig.

Die Herren Isaak und Johann Wilhelm, und Isaak Daniel Buirette von Oehlefeldt ꝛc. sind schon oben vorgekommen.

Franz Martell, lebte mit dem Charakter eines Kön. Preuß. Hofpredigers allhier.

D. Daniel Bschehrer, hochfürstl. Brand. Culmbachischer Leibarzt.

Martin Henning, hochf. Onolzbach. Rath und Auditeur.

Lorenz von Sandrart, I. V. L. und Kön. Preußischer Heroldsrath.

IV.

Responsum des seel. D und Prof Böhmers zu Halle, menl. Ianuar. 1717. aus dessen Iure parochiali (der Hall. Ausgabe von 1738) S. 505 — 512.

Es haben Se. Hochfürstl. Durchl. zu Brandenburg, Marggraf Albrecht A. 1658 d. 4. Oct. den reformirten Inwohnern zu Nürnberg das privat-exercitium ihrer Religion zum Stein zugelassen, dabey auch A. 1659 sich declarirt, daß die gedachte Nürnb. Reformirte solch ihr privat-religionis exercitium in einem Wohnhaus allvort, ihrem guten Befinden nach, anstellen mögen, nach welchem gnädigsten Privilegio vorgedachte Nürnb. Reformirte ihr religionis-exercitium daselbst angerichtet, und biß A. 1701 exercirt. Dieses exercitium religionis privatum haben Se. Hochf. Durchl. zu Brandenburg den 5 Jan. 1684 erweitert und über die vorhin den Nürnb. Reformirten geschehene Concession, noch ferner verstattet, ihre Kinder allda zu taufen, Verlobte einzusegnen, die Verstorbenen auf einen darzu benennen habenden Todten-Acker zu begraben, auch einen zweyten auserhalb Stein wohnenden Prediger anzunehmen, ingleichen das Uhrglöcklein zu läuten, jedoch daß sie sich dabey still und eingezogen halten, und den Evang. Luther. Geistlichen nichts entziehen sollten; ja noch in demselben Jahr am 2. Jun. abermal sich dahin erklärt, daß der gedachten reformirten Gemeinde ihr bisher verwilligtes exercitium religionis zu Stein beständig gelassen, und ihnen dabey vergönnet werden solle, der Churpfälz. Kirchenordnung nachzuleben, und dieselbe zu gebrauchen, je doch mit dem ausdrückl. Anhange, daß gedachte Gemeinde für keine andere Herrschaft, als allein für die gnädigste Hochf. Herrschaft Brandenburg Onolzbach in ihrer Versammlung

bitten

bitten sollte. Als aber A. 1701 der Bayrische Krieg entstand, haben die Nürnb. Reformirte ihr exercitium religionis in Sicherheit und Ruhe zu haben gesuchet; wie sie denn auch solches daselbst erhalten, und auch die Fürther, so bißher sich des religions exercitii zum Stein mit bedienet, biß Mens. Iul. 1711 sich zu der Gemeinde vor Nürnberg gehalten, und noch nicht alle Glieder sich davon getrennet; wodurch denn geschehen, daß das religionis exercitium zum Stein eingegangen, biß A. 1714 sich einige Fürther wieder gemeldet, und einen Befehl 1716 ausgebracht, daß das religionis exercitium zum Stein in vorigen Stand gebracht werden solle; worauf die Fürther sich des Hauses zum Stein, worin vormals der Gottesdienst gehalten, anzumaßen gesuchet, benebst eine ordentl. Klage gegen die Nürnb. Reformirte bey Sr. Hochf. Durchl. zu Brand. Onolzbach übergeben, und verlangt, daß dieselben sich mit ihnen berechnen und die Kirchen-Güter ihnen zukommen lassen sollten; dabey sie sich auch des zum Stein ad exercitium religionis erkauften Hauses und pertinentien angemaßet, und daselbst ihr religions exercitium absonderlich treiben wollen, wie die Acta mit mehrern ausweisen; dabey denn folgende Fragen entstehen:

1) Ob Ihro Hochf. Durchl. zu Brand. Onolzbach Iurisdiction ratione des zu erwartenden Anspruchs gegründet, und darunter, daß die Nürnb. Reformirte selbige agnoscirt, nichts versehen sey?

2.) Wie die merita caussae beschaffen?

So viel nun die erste Hauptfrage betrift, obwohl aus den actis offenbar ist, daß die Fürther als Onolzbach. Unterthanen in gegenwärtigem Proceß Klägers-Stelle vertreten, und ihre Klage gegen die Nürnb. Reformirte übergeben, also nach der bekannten Rechts-Regel: actor sequitur forum rei, die Klage billig vor dem Rath zu Nürnberg, als iudice competente reorum, angestellt werden müssen; absonderlich da dem Ansehen nach diese Sach pro mere civili zu halten, und divisionem rerum communium betrift, mithin keine andere als actio personalis hier angestellet worden; und obgleich die Nürnb. Reformirte Sr. Hochf. Durchl. Iurisdiction agnoscirt, und sich vor Dero Gericht eingelassen, dennoch es das Ansehen, als ob solches ex errore geschehen, gewinnen will, da man von Seiten der Nürnb. Reformirten gemeinet, als ob sie daselbsten wegen des vorhin concedirten, aber nunmehr eingegangenen exercitii religionis zu stehen schuldig wären; error autem litigatorum non habet consensum, nec iurisdictionem tribuit.

Weil aber dennoch aus den Umständen erhellet, daß anfänglich die Nürnb. Reformirten A. 1658 von Sr. Hochf. Durchl. zu Brandenburg das Privilegium des privati religionis exercitii in Dero Landen zum Stein erhalten, solches auch nachgehends durch unterschiedliche rescripta bestättiget und erweitert, ja auch viele Jahre daselbst exercirt, und die Brandenb. Unter

terthanen zu Fürth mit darzu gelaſſen, als die Reformirte Gemeinde, quatenus ut univerſitas conſi-
deratur, unter Sr. Hochf. Durchl. Schutz ihr Religions exercitium nicht allein getrieben, ſondern auch
nach Anweiſung der reſcriptorum ſchuldig geweſen,
allein für Dieſelbe in ihren Verſammlungen zu beten,
wodurch ſie die Iurisdiction Sr. Hochf. Durchl. nicht
allein agnoſcirt, ſondern auch dieſelbe in cauſis ad
univerſitatem ſpectantibus agnoſciren müſſen; und
obwohl ex poſt facto die Nürnb. Reformirte ſich von
Stein weggewandt, und ihr exercitium religionis
zu Nürnberg etablirt, dennoch dabey in Erwegung
zu ziehen, daß die Fürther ihre Klage auf das Privilegium, ſo vormals der Gemeinde zum Stein gegeben, gegründet, daraus geklaget, und weil ſich ihrem
Vorgeben nach, die Nürnberger von ihnen getrennet,
deſſen vigorem wieder zum Stein in Schwang zu
bringen, und zu dem Ende die Berechnung geſuchet,
aus den Rechten aber bekannt iſt, quod, ubi de
Privilegio agitur, eius ſit cognoſcere de Privilegio, qui illud conceſſit:

Meu. p. 9. deciſ. 57.

nicht zu gedenken, daß die reformirte Gemeinde das
Ius univerſitatis von Sr. Hochf. Durchl. erhalten,
zum Stein daſelbe etablirt, und der jetzt entſtandene
Streit aus ſolchem iure univerſitatis herflieſet, wie
es vorhin in Sr. Hochf. Durchl. Lande etablirt iſt;
endlich auch nunmehr zu ſpät ſeyn würde, die excep-
tionem

tionem fori incompetentis zu urgiren, nachdem die Nürnb. Reformirten Sr. Hochf. Durchl. Iurisdiction agnoscirt, und daß solches wißentlich und sine errore geschehen sey, aus allen Umständen erhellet, also nunmehr ratione iurisdictionis kein Zweifel mehr übrig seyn kan: So ist gestalten Sachen und Umständen nach Sr. Hochf. Durchl. Iurisdiction in dieser Sache gegründet.

So viel die andere Frage anbetrift, ob wohl die Fürther in actis angeführt, daß sie mit zu derjenigen Gemeinde gehörten, welcher Sr. Hochf. Durchl. das ius universitatis habendae cum religionis exercitio zum Stein gegeben, auch nicht zu befinden, daß dieselbe solches auf die Nürnberger allein restringiret, vielmehr aus den Documentis erhelle, daß das ertheilte Hochf. Privilegium auf den Ort Stein, als einen fixam sedem ecclesiae reformatae, erreichet sey, wie sonderlich aus den A. 1684 gegebenen rescriptis zu ersehen, als worin der Nürnberger mit keinem Wort gedacht worden, vielmehr also Stein pro matre ecclesia zu halten, sie also, daß sie sich beständig darzu halten, und das exercitium religionis daselbst anrichten wollen, wohl befugt zu seyn scheinen, ratione bonorum, quae sunt universitatis, zu klagen, absonderlich da die Nürnb. Reformirten sich zwar anfangs wegen Kriegsgefahr von gedachtem Ort wegwenden müssen, nachgehends aber, cessante hac necessitate, freywillig sich anderswo etablirt

und

und den thesaurum ecclesiae mit sich genommen, welches ihnen doch nicht erlaubt gewesen, da vielmehr des Landesherrn als summi Episcopi autoritas darzu adhibirt werden müssen, ihnen auch nicht frey stehe, über die Kirchengelder zu disponiren, und sich derselben allein anzumassen, sondern vielmehr mit ihnen als membris eiusdem ecclesiae zu theilen schuldig wären, nachdem sie sich von ihnen abgesondert, cum etiam bona universitatis recipiant divisionem,

Heeser de commun. bon. p. 2. loc. 4. n. 397.
sonderlich da auch ihre Vorfahren mit darzu contribuirt, und hin und wieder für die Gemeinde zum Stein collectirt worden, welches ihnen als membris universitatis billig zu statten kommen müsse, und dahero, was auf Stein fundirt, legirt, und colligirt, billig allda verbleiben und verrechnet, und sie bey der possession der Steinischen Kirche kräftig geschützet werden müssen, dem zufolge die Nürnb. Vorsteher schuldig wären, den Steinischen Kirchen-Schatz, nebst dessen Berechnung — und andern Kirchen Büchern, wie auch die abgebrochene Cantzel-Tücher, silberne Geschirr, Glocken, Uhr und dergleichen wieder nach Stein gehöriges Ort zu liefern, und hiernächst richtige Rechnung mit ihnen zu halten:

Weil aber dennoch unterschiedliche irrige fundamenta in iure & facto in den rationibus der Fürther angeführt werden, auf welche ihre gantze intention gegründet ist, welche dennoch keinesweges Stich halten,

halten, als da 1) vorausgesetzt wird, daß das Privilegium des religions exercitii zum Stein indefinite auf die Reformirte ertheilet sey, da gleichwohl aus den ersten concessionibus de A. 1658 & 1659, auf welche die folgende sich gründen, blos der Nürnb. Reformirten gedacht wird, dieselbe allein dieses Privatum religionis exercitium erhalten, daselbst angerichtet, und sogar in dem A. 1684 extendirten Privilegio darauf reflectirt worden, als worin verboten worden, für den Rath zu Nürnberg das Kirchengebet zu verrichten, wie bisher geschehen zu seyn referirt wird, welches aus keiner anderm End von der Gemeinde zu Stein geschehen sey, als weil solche vornämlich aus Nürnbergischen Angesessenen bestanden, von ihnen angerichtet, und biß noch zu der angeführten Zeit continuirt worden, die Gemeine also damals dafür gehalten, daß sie für ihre ordentl. Obrigkeit, worunter sie gesessen, beten müssen, woraus zur Gnüge erhellet, daß die wenige Fürther, so nachgehends mit darzu getreten sind, dabey nicht in consideration gekommen, sondern vielmehr als Gäste precario angenommen, inzwischen die Haupt-Gemeinde jederzeit aus den Nürnb. Reformirten bestanden, als auf welche anfänglich und nachgehends beständig das Privilegium privati exercitii fundirt gewesen, und daß die Nürnb. den Fürthern solches ex post facto mit geniesen lassen, ihnen keinesweges nachtheilig seyn kann; in vera enim principis Privilegium concedentis,

dentis, sententia & mente investiganda imprimis adferas, quibus ille commotus Privilegium indulsit, rationes nobis respiciendum est ita, ut quousque privilegii ratio in persona privilegiata locum sortitur, etiam ipsum Privilegium locum obtineat,

Harpprecht Vol. nou. consf. 25. n. 157. wie denn auch 2) irrig angeführt wird, daß die Nürnb. Reformirten sich von den Fürthern getrennet, und sie als membra universitatis verlassen; angesehen die Fürther selbst in Actis gestehen müssen, daß wegen des A. 1701 einfallenden Bayrischen Krieges die Gemeinde ihr religions exercitium in Sicherheit bringen, und vor Nürnberg solches suchen müssen, so sie nicht allein erhalten, sondern auch die Fürther selbsten biß A. 1711 sich zu dieser Gemeinde und ihrer verlegten Versammlung gehalten, ja auch solches nothwendig dadurch gestehen müssen, daß sie die Anrichtung des seit 1701 eingegangenen Gottesdienstes zum Stein wieder urgiren, wodurch sie öffentlich zu verstehen geben, daß daselbst keine Versammlung gewesen, und sie niemals an sich kommen lassen werden, daß sie seit der Zeit, da zum Stein kein Gottesdienst mehr gehalten, der Nürnb. Versammlung nicht beygewohnet haben sollten, da vielmehr so gar noch jetzo etliche Familien der Fürther sich zu der Reformirten Gemeinde in Nürnberg halten, mithin die Kläger sich eigenthätiger Weise von ihnen getrennet, und eine eigene

gene Gemeinde anrichten wollen, welches der Haupt-Gemeine zu Nürnberg nicht praeiudiciren mag, cum semper maneat eadem universitas, si vel maxime quidam inde secedant, aut moriantur, et personae mutentur,

l. 76. de iudic.

In universitatibus enim nihil refert, utrum omnes idem maneant, an pars maneat, an omnes immutati sint.

l. 7. §. 2. quod cuiusque univ. nom.

bey welchen Umständen 3) abermal irrig ist, daß die Fürther sich fast als die Haupt-Gemeine ansehen wollen, aus der Ursache, weil sie sich nunmehr wieder zum Stein versammlen und daselbst ihr exercitium pflegen wollen, folglich ihnen das Vorrecht und das Recht auf die bona universitatis gebühre, als welche auf Stein gegründet und gestiftet worden, und von da nicht transferiret werden mögen, da doch an und vor sich selbst bekannt, quod non locus, sed electorum congregatio ecclesia dicenda sit,

Clemens Alexandrin. lib. IV. Strom.

praesertim cum ecclesiae collegium et universitatem quandam repraesentent, et iura universitatis habeant,

Pufendorf de habit. relig. ad vit. civ. §. 39. sqq.

adeoque bona universitatis non ad locum restringenda, sed potius in patrimonio universitatis, qua

talis

talis) sint, demum quocunque loco colligentur.
l. 6. §. 1. de rer. divis.

Lossaeus de iur. univ. p. 3. c. 1. n. 4. sqq. Mithin das Vorgeben, als ob die Güter der Reform. Gemeine auf Stein gestiftet worden, einen groben papismum, nach welchem der Ort und Stein-Haufe öfters für die Kirche genommen wird, in sich hält, von welchem die protestirende billig sich enthalten müssen, zumal auch solches der naturae universitatis e diametro contrair ist; nicht zu gedenken, daß die Gemeine vorlängst sich von Stein weggewendet, und nunmehr an einem andern Ort ihre Versammlung angestellt, welches auch 4) ohne des Landesherrn Consens, welches abermal irrig geleugnet wird, wohl geschehen mögen, anerwogen den Reformirten das exercitium religionis privatum, zum Stein bloß per modum privilegii concedirt worden, welchem sie wohl renunciren mögen, iuxta decantatam iuris regulam, quod quilibet privilegio suo renunciare possit, und hierin vornemlich der Unterschied inter exercitium religionis publicum, welches publica auctoritate principis dirigirt und etablirt wird, et privatum per modum merae gratiae concessum, anzutreffen ist, da in diesem Fall die Gemeine, als ein Corpus privatum noch mehr Freyheit behält, und von ihren Gütern frey disponiren kan, wie selbst der Zustand der Kirchen in den ersten 3 Seculis, welche auch nur privata sacra exercirten an-

erweiset, hiernechſt auch 5) kein geringer Irrthum iſt, daß etliche wenige membra, die ſich von der Haupt-Gemeine trennen wollen, ad iudicium communi dividendo zu provociren ſich erkühnen, und dem Anſehen nach aus der Gemeine eine societatem communis quaestus et lucri gratia initam machen wollen, da zwar in dieſer einem jedem erlaubet iſt, der Societät zu renunciren, und ad divisionem zu provociren, quoniam singuli socii pro rata ius in bonis communibus habent, keineswegs aber ſolches auf eine universitatem zu appliciren, als welche eine personam mysticam repraesentirt, und es daſelbſt heiſt: Bona universitatis non sunt singulorum, ut in Societate; und da ſonſt in einer maſcopey es heiſet, quod Societas debet, singuli pro rata debent, es hergegen in einer universitate ſich ganz anders befindet, als woſelbſten es heißet, quod universitas debet, singuli non debent,

l. 7. §. 1. cit.

et quod pro universitate fit, non pro singulis fieri censetur; et quod ab universitate agitur, non quasi a pluribus actum videtur,

l. 2. D. quod univ. nom.

welches klärlich anzeigt, daß bey einer Gemeine ad divisionem auf die Weiſe, wie in societate simplici, in qua singulis ius pro rata competit, nicht geklagt werden mag, ſonderlich da die Gemeine ihre integrität behält, ob gleich etliche wenige davon abtretten,

und

und dahero auch die Güter bey derselben bleiben müssen, und ob zwar 6) den Fürthern solche separation unbenommen ist, dennoch sie dadurch an den Gütern der Gemeine, davon sie abtreten, keinen Anspruch machen mögen, da sie noch nicht erwiesen, daß sie etwas darzu beygetragen, und die bona universitatis für keine bona communia, in quae singuli ius pro rata habent, gehalten werden, vielweniger 7) die Fürther ihre Versammlung zum Stein pro matre ecclesia halten mögen, welches sich auf eine solche privilegirte Versammlung keineswegs schickt, sondern ihnen mit Recht vorzuwerfen, was vormals Cyprianus etlichen wenigen, so nicht mehr zu der Africanischen Gemeine gehörten, opponirte: Miror, quosdam audaci temeritate sic mihi scribere voluisse, ut ecclesiae nomine literas facerent, quando ecclesia in Episcopo et clero, et in omnibus stantibus sit constituta, *Cypriani Ep. 33. edit. Oxon.* also auch nicht wenig zu verwundern, daß da die Nürnb. Reformirte anfänglich die Hauptgemeine angerichtet, und bißher stets continuirt, und in ihrer integrität behalten, sich etliche wenige, so sich von ihnen trennen, für die Hauptgemeine ausgeben, und deßwegen die bona universitatis an sich ziehen wollen, an welchen sie doch keine Macht mehr haben können, da sie sich von der Hauptgemeine getrennt, und gleich wie 8) die, welche zu einer Gemeine treten, nicht nöthig haben, etwas praecise, wie in einer societate geschehen muß, zu

F

cor

conferiren, also auch, wenn etliche davon abtreten, suam partem von den bonis universitatis, non dissolutae, sed adhuc durantis, finden mögen:

So erhellet hieraus allenthalben so viel, daß die merita causae der Nürnbergisch Reformirten gegen die Fürther in Rechten allerdings wohl fundirt sind.

V.
Raths-Dekret, des Exorcismi wegen, vom 9. Okt. 1583, dessen S. 20 Erwähnung geschehen.

Nachdem Unsere Herren, ein E. Weyser Rath dieser Statt, aus allerley hochwichtigen ursachen jre vnd gemanner Stat superintendentes vnd Predicanten zu zweyen vnterschiedlichen malen zusammen erfordern vnd jrer Ehrwürden Christlich Bedenken wegen des Exorcismi bey der h. Tauff, ob derselb (weyl sich viel guter ehrlicher leut darob geärgert vnd deßhalb ein beschwehrniß gehabt) in göttl. Schrift gegründet oder nit, vnd ob er der Zeyt gantz vnd gar hinweg zu thun, oder was darinnen zu ändern oder zu mildern seyn möchte, hierüber erfordert, vnd jre Ehrwürden in dem, daß er neque de substantia baptismi, noch zu der h. Tauff nothwendig sey, alle ainig gewesen, und doch rebus sic stantibus zu diesen ohne hin geschrlichen Zeiten nit rathen kunten, daß er gantz vnd gar solt hinweg gethan werden, in Erwegung, daß solches ohne grosse ergernuß in diser stat und derselben Kirchen nit geschehen möcht: Also haben Unsere Herren nachfolgende christliche Erklerung des Exorcismi, damit den schwachen Gewissen ein Unterricht beschehen möge, stellen lassen, mit dem Befehl, weyl jre Erbarkeiten solche Erklerung göttl. Schrifft gemäß achten, daß die Herren Superintendenten vnd Prädicanten allhie dieselbe lesen, und da sie in derselben nichts sonderlichs beschwerlichs finden, daß sie künftig solcher Erklerung gemäß die schwachen Gewissen, oder die dessen Beschwehrnuß haben, darnach vnterweisen sollen. Als nemlich wann der Diener des Worts sagt, fahre aus, du unrayner geist ꝛc. sollen diese Wort nit also verstanden werden, als sollten die kindlein leiblich vom teufel besessen, oder als sollten die weiber den teufel im leib tragen, welcher hernach durch zauberische beschwörung von den kindtlein müßte ausgetrieben werden, Sondern also: Ich beschwöre dich, d. i. Ich gebiete dir, du unrainer geist, daß du dein Krafft und Gewalt, die du der sünden halben nit allain vber dieß kindt, sunder auch vber das gantz menschlich geschlecht gehabt hast, fahren lassest, vnd nun raum gebest dem h. geist. Denn diß kindt, das iezt nach des Herrn Befehl getaufft wird, ist nit mehr ein kindt der sünden, des Zorns vnd ewigen Tods, auch nit mehr vnter deinem Reich vnd Tyranney, sunder ein kind Gottes, der Gnaden vnd Erb des ewigen Lebens. Das ist der rechte verstand der Wort des Exorcismi, wie solchs auch in

F 2 der

der praefation, so vor der tauff stehet vnd gelesen wirt, in vnser Kirchenordnung vnd Agentbüchlein zu sehen, da also steht: „Daß wir durch die tauff von aller Tyranney des teufels, der sünden, des tods vnd der höllen erledigt, Kinder des Lebens vnd Erben aller güter Gottes vnd miterben Christi werden„ und bald davor steht in der praefat. weiter: „daß die tauff dem teufel begegnet vnd jn nicht allein van dem kindlein treibt, sunder auch das Kind wider jn als einen steten gewissen feind sein lebenlang zu streyten verpflicht ꝛc. ꝛc. Ist demnach der Exorcismus eine Erinnerung, ja ein öffentlich bekentnis dieser beeden Artikel, von der Erbsünd, vnd von der Kraft der Tauf; der darumb behalten *) werden soll.

Was

---

*) Und so erhilt sich denn dies Ueberbleibsel des Aberglaubens bey einer so ehrwürdigen Handlung (leider aufs neue zwey hundert Jahre biß auf unsere Zeiten, ungeachtet immer einige aufgeklärte Geistliche (s. Biblioth. Nor. II. S. 139 — 143) die Wegschaffung desselben gar sehr wünschten, aber nie, auch nicht bey der A. 1755 erschienenen Ausgabe des hiesigen Agendbuchs, ihre Absicht erreichen kennten. Das unseelige Vorurtheil: Jede Neuerung ist gefährlich, haftete zu tief. Aber soll es denn nie, nie ausgerottet, nie eingeschränkt werden? Legte mans doch zur Zeit der Reformation ab. — Doch, unter dem Ephorate eines preißwürdigen Herrn Kirchenpflegers von Weiser, wie viele vortreffliche, für Gott und Nachwelt dank- und verehrungswerthe Anstalten

zu

Was die Erbsünd belangt, bekennen wir in den worten des Exorcismi, daß diß kindt, so zu der tauff gebracht wird, vnd wir alle der Vbertretung Adams halben vnter gottes Zorn, Fluch vnd Ungnad seyn, vnter dem gewalt des todts, auch vnter dem reich des teufels vnd der höllen, vnd können von solcher servitut uns selbst nit erlösen. Diese erste sündliche geburt muß in der tauff in den geistlichen sündfluß ersäufft werden, wie zur Zeit Noah alles, was der sünde vnterworfen war, ertrenkt wurde. Derohalben Petrus die tauf vergleicht mit der sündfluß; Petri 3. Dieses vnsers falls vnd verderbten natur, welche sündlich, verdamlich, des tods würdig vnd dem teufel vnterworfen, erinnern wir uns bey dem Exorcismo, da der Diener des Worts dem Satan gebeut, er soll sein Herrschaft, so er vber dies Kind gehabt der sünden halben, fahren lassen, denn dieß kind, so itzt soll getauft werden, werde nit mehr ein kind der

F 3   ver-

zu zweckmäßigerer Einrichtung unsers öffentlichen Gottesdienstes sind nicht schon gemacht, wie viel Absichtwidriges ist nicht schon abgeschaft worden? Und wie manche liturgische Verbesserungen sind nicht noch zu erwarten, denen so viele erleuchtete Christen hofnungsvoll entgegen sehen? Vielleicht wird bey uns im 1783sten Jahr von der Taufhandlung jene Menschensatzung auf i m m e r weggenommen, mit der sie im 1583sten Jahre aufs neue beladen ward! — In der Reichsstadt H a m b u r g ist der Exorcismus durch ein Rathsdekret vom 10. Febr. 1783 abgeschaft worden.

verdamniß, sunder der seligkait seyn, nit mehr ein mancipium Satanae, sonder ein Kind Gottes und Erb des ewigen Lebens, werde auch itz in der h. Tauff einen bund machen mit Gott dem Vater, Sohn und heiligen Geist, welche drey Personen eben so wol bey unser tauff gegenwertig seyn, wie sie bey der tauff Christi gegenwertig gewesen. Derhalben die tauff genennt wird der bund eines guten Gewissens mit Gott durch die Auferstehung Jesu Christi.

Was den artikel von der Krafft und wirkung der tauff belangt, erinnert uns solchs der Exorcismus auch, daß nämlich Gott der Herr in der tauff uns die sünde vergibt. nimmt uns zu Gnaden an und zu seinen kindern, die wir vor der tauf nit Kinder Gottes, sundern in Ungnaden und Feinde Gottes waren, macht uns gerecht und selig, gibt uns auch den heyl. Geist, daß wir den alten menschen samt der Sünde, todt, höll und Verdamniß ausziehen und ergegen anziehen den neuen Menschen, der nach Gott geschaffen ist; wie Paulus sagt: wieviel euer getauft sind, die haben Christum angezogen. Summa, in der tauff werden wir aus dem Reich der sünden, des teuffels und Tods herausgerissen und in Christi Reich versetzt, wie aus 1 Petr. 3. Tit. 3. Geschicht der Apost. 3. zu sehen. Und hiemit stimmt auch oberein unser Catechismus: Die Tauff wirkt Vergebung — — allen die es glauben.

Dieses

Dieses alles werden wir nun auch erinnert bey den worten des Exorcismi, da der Diener des Worts an Gottes Statt steht; gebeut dem Satan, er soll nit allein weichen von disem kindlein, sunder ergegen statt vnd raum geben dem heyl. Geist: denn difes kindlein, das vor der tauff ein kind des Zorns vnd ewigen verdammniß gewesen, werde nun in der h. tauff ein kind Gottes vnd Erb des ewigen lebens werden, wie vnser Kirchenordnung eben alfo spricht: Christus hatt die tauff eingesetzt für die, so Christen wollen werden, das Abendmahl aber für die, so schon Christen sein vnd im Glauben stehen vnd leben.

Aber gleichwol darneben seyn keineswegs diese Kindlein, die im Fall der Noth zur h. tauff nicht können kommen, vnd mit todt abgehen, ehe sie getauft werden, zu verdammen, denn dieselben werden Gott dem Herrn zugetragen, wo nicht in der h. Tauf, doch durch das ernstliche herzliche Gebet jrer Eltern, welches sie thun für ihre todte Kinder; denn man bringt die Kindlein dem Herrn Christo zu auff zweyerley weiß, erstlich in der h. tauf ordentlicher weyß, wie der Herr Christus bevohlen hat, darnach im Fall der Noth, wo man die h. tauff nit haben kan, durch das herzliche Gebet, wenn wir unsere Kinder Gott befehlen vnd für sie bitten, solches Gebet, wenn es im rechten Glauben geschicht, ist auch kreftig vnd wird von Gott erhört. —

Demnach wird recht gesagt, daß die Kindlein Kinder des Zorns seyn von Natur, sollen und müssen daher zur Tauf gebracht werden, welche ist ein Mittel von Gott verordnet, daß sie sey lavacrum regenerationis; die aber solche verachten, gehören unter die regel, da der Herr sagt: Es sey denn, daß jemand geboren werde ꝛc.

Decretum in Consilio
d. 9. Oct. 1583.

Zusatz.

Erst nach dem Abdruck des Bogens C erfuhr der Verfaßer, daß Hr. Dilthey A. 1767 zu Petersburg gestorben ist.

Druckfehler.

S. 34 Z. 1 lies werden statt wurden.
S. 52 Note **) lies Meister statt Muster.
S. 55 in der lezten Zeile lies: Guil. Reginaldi stu Wert.

www.ingramcontent.com/pod-product-compliance
Lightning Source LLC
Chambersburg PA
CBHW020308090426
42735CB00009B/1274